家庭农场发展与经营管理

主　编

刘　芳　程晓仙　路永强

副主编

吴夏梦　董晓霞　郭江鹏

参　编

范宣丽　白燕飞　罗小红

金盾出版社

内 容 提 要

家庭农场作为新型农业经营主体的重要组成部分，在农业产业化升级进程中起着不可替代的推进作用。本书对家庭农场这一新兴农业经营模式做了细致入微的讲解，其主要包括：家庭农场的发展历程，家庭农场的感念及特点，家庭农场的类型，家庭农场审批管理流程，家庭农场经营管理，家庭农场典型案例分析。全书通过将政策、经营管理理念以及案例相结合的方式，使家庭农场这一新兴概念具体的呈现给广大读者，适合农场主以及准备创建家庭农场的创业者参考阅读。

图书在版编目(CIP)数据

家庭农场发展与经营管理/刘芳，程晓仙，路永强主编．—北京：金盾出版社，2015.11(2018.2 重印)
ISBN 978-7-5082-9947-1

Ⅰ.①家… Ⅱ.①刘…②程…③路… Ⅲ.①家庭农场—农场管理 Ⅳ.①F324.1

中国版本图书馆 CIP 数据核字(2015)第 011586 号

金盾出版社出版、总发行
北京市太平路 5 号(地铁万寿路站往南)
邮政编码：100036 电话：68214039 83219215
传真：68276683 网址：www.jdcbs.cn
北京军迪印刷有限责任公司印刷、装订
各地新华书店经销
开本：850×1168 1/32 印张：5.75 字数：152 千字
2018 年 2 月第 1 版第 2 次印刷
印数：4 001～7 000 册 定价：17.00 元

前　言

当前，我国农业农村发展进入新阶段，应对农业兼业化、农村空心化、农民老龄化的趋势，为解决谁来种地、怎么种好地的问题，亟须构建集约化、专业化、组织化、社会化相结合的新型农业经营体系。近年来，大力发展农业龙头企业和农民专业合作社等现代农业经营主体，提高农业产业化水平和组织化程度，取得了明显的效果。但是，农业龙头企业和农民专业合作社一般都不直接从事农业生产环节，由此形成的两种模式的合作大多限于加工、流通领域，仍然解决不了人多地少、农户小规模生产的问题。家庭农场能够有效集成现代农业生产要素，在今后将是农产品的主要提供者，在构建新型农业经营体系中占据重要地位。发展家庭农场，在坚持家庭联产承包责任制基础上，促进土地等生产要素向生产经营能手集中，开展集约化经营，是农业生产经营组织形式的创新，有利于实现农业机械化，大幅度提高土地利用率、投入产出率、劳动生产率和农产品商品率，提高农产品的科技含量和市场竞争力，对发展现代农业具有重要的作用。但是，家庭农场的概念、申报程序、组织管理模式和经营效果等都有待于系统深入的总结和提炼。

本书作为现代奶牛产业技术体系北京市创新团队产业经济研究团队和三农数据采集与分析预警创新团队的阶段性成果，系统介绍了家庭农场的概念，国内外家庭农场发展概况，家庭农场的类型和特征，以及家庭农场审批管理流程等。并以美国、巴西和国内的山东、广西壮族自治区的典型家庭农场为案例介绍了家庭农场的经营与管理。

鉴于水平有限，本书在编写过程中不足之处在所难免，书中如有错漏之处，恳请广大读者批评指正。

编著者

目录

第一章　家庭农场的发展历程

第一节　美国家庭农场

一、美国家庭农场的历史和现状

(一)历史悠久

1776 年 7 月,美国宣布脱离英国统治而独立,美国政府开始考虑建立何种农业生产制度和经营组织来发展农业;经过 20 多年的探索,1820 年确立了将公有土地以低价出售给农户,建立家庭农场的农业经济制度,这促进了美国开发西部的移民热潮;1862 年,美国通过《宅地法》,向真正需要土地的人赠送公有土地,逐渐实现了土地所有权的私有化。

美国政府西部开发政策是建立美国家庭农场的雏形。根据美国农业部的数据,家庭农场占到美国农场的 98%。然而剩下的 2%却占美国 14%的农业产量,尽管这 2%里有一半每年销售额不到 5 万美元。从大体上看,美国 91%的农场属于“小型家庭农场”,每年销售额不足 125 万美元,占美国农业产量的 27%。在西海岸的加利福尼亚州,农场的规模一般有耕地 20～33.33 公顷;但在人口密度小的中西部农业区,农场规模一般有 133.33 公顷。一个家庭农场要耕种数百乃至上千公顷地,农户几乎家家都有康拜因收割机、播种机、拖拉机等大型农用机械。拖拉机驾驶舱内有卫星导航系统,后面的拖斗里可以放入种子或肥料,自动播种、施肥。渐渐地,家庭农场已成为美国农业生产经营的基本形式之一。

而发展比较好的美国家庭农场主要分两种类型,一种为专业性农场，一种为兼业性农场。无论专业性农场还是兼业性农场，都以自己耕种为主，农忙时雇请部分临时工，劳动生产率水平很高。

(二)发展迅速

美国把全国分为10个农业生产区域，每个区域主要生产1～2种农产品，建立和发展生产经营专业化。有的专门种植大田作物，有的专门种植蔬菜或水果，有的专门饲养牲畜或家禽。随着农业服务业发展，农业产前、产中、产后服务体系日益完善，大大促进了农场生产经营专业化发展，其中分解出来的一些内容由专门的农业服务机构承担，家庭农场主要集中于土地的产出或养殖业的直接经营管理。专业化上，第二次世界大战后，美国农业产前、产中、产后服务体系日益完善，农场主无暇顾及，逐渐分解出一些内容让专门的农业服务机构承担。

无论是种植业，还是养殖业，都以家庭为单位，实行规模经营。从发展趋势看，规模将会越来越大。据2006年LANCASTER COUNTY FARMING FACTS (4th Edition)的资料介绍，美国宾州现有农场58 200个，平均每个农场面积58.96公顷，总面积343万公顷，占全州总面积的27%，平均每个农场总价值在41万美元，种养业年产值达40.4亿美元。米勒斯维尔大学所在地LANCASTER COUNTY是一个农业高度发达的地区，现有农场5 293个，平均每个农场面积34.84公顷，总面积18.44万公顷，占全县总面积的69%，平均每个农场总价值在62万美元，种养业年产值达9.14亿美元。

当前农场发展的趋势是农户在减少，但规模在增大。1935年家庭农场的数目为681.4万个，到1989年减为214.3万个，每个农场平均用地从1920年的59.49公顷增至1989年的185.09公顷。近年来，由于农产品市场开拓、科技进步和大范围配置资源，促使农户分工分业，使生产要素向优势农户集中。专业化、集约化生产，加速了农户之间的兼并与重组。从农场数量和土地规模来看，1950 年农场总数为 565 万个，拥有土地 48 645.71 万公顷(包括耕地、牧场和饲草用地等)，平均每个农场拥有土地 86.20 公顷。到 1998 年农场总数下降为 219 万个，拥有土地 38 598.87 万公顷，平均每个农场拥有土地 176.04 公顷。农场数量下降了 61%，平均规模扩大了 1 倍。

但这一过程不是均衡的，农场数量减少的速度在逐步放慢，20 世纪 50 年代平均每年减少 16.85 万个，60 年代平均每年减少 10.13 万个，70 年代平均每年减少 5.10 万个，80 年代平均每年减少 2.94 万个。进入 90 年代，农场总数已趋于稳定。农场总数的下降增强了农户的产业竞争力。同时，使那些不适合现代农业经营的农户重新定位，转换职业，进入城市，自然而然地完成了农业劳动力向二、三产业，向城市的转移。现在美国农业人口占总人口的比例已由 1910 年的 32%降到 1.8%。如今的农民都是富有经验的生意人，他们使用 GPS 控制联合收割机，用生物技术提高产量，用期货合同来规避风险。同时，他们也非常富有，大型机构投资者已经开始对农场投资。

据统计，20 世纪末，美国家庭农场数量上升至 89%，拥有 81%的耕地面积，83%的谷物收获量，77%的农场销售额。在 2010 年全美收入超过 100 万美元的农场中，88%是家庭农场，达到全美总产值的 79%。

二、美国家庭农场的发展历程

在美国经济发展过程中，小企业发挥了重要作用，然而，纵观美国小企业的发展历程，其中以家庭小农场为表现形式的农业小企业却是从繁荣走向衰败，资源集中走向资本集中，农业企业的规模也逐渐由家庭小规模经营走向规模化经营。分析其变迁历史，可明显地发现，美国家庭农场的变迁过程大体经历了如下 5 个阶段。

（一）家庭小农场的兴起（1776 年以前）

殖民地时期的美国人口中大约 85％是农民，家庭农场是典型的生产单位。农场面积通常为 40.47 公顷，但只有 6.07～12.14 公顷种植农作物，余下的是森林、牧场和休耕地。农业经营是最普遍的职业，殖民地人民从中获得食品、衣服和其他生活必需品，有些小农场将剩余农产品出售或易货，从而获得一些改善生活的工业品。虽然殖民地时期生产力低下，农业耕作以铁木农具、畜力和手工操作为主要形式，但殖民地农业已呈现出商品性农业的特点，无论在 17 世纪还是 18 世纪，许多农场的生产活动都以市场为取向，约有 20％的农产品售出，只有那些地处偏僻、交通不便的农场因远离市场才以自给性农业为主。因此大部分农场是以小企业的形式来经营。

（二）家庭小农场的繁荣（1776—1880）

独立战争（1861—1865）前，家庭农场在美国农业中居主导地位。欧洲对美国玉米和小麦需求的不断增长刺激了美国农业生产规模的持续扩大，不断扩延的国内城市市场又以运河和铁路为纽带，日益与新开发的农业地区连接在一起，进一步刺激了商品率较高的农作物的生产，家庭农场逐步实现了适度规模经营，从中获得了较大的利润。当时，拥有 30.35～40.47 公顷土地的家庭农场就能成功地面对市场，而大型农场的规模经营并无优势可言。

1862 年 5 月美国颁布了《宅地法》，该法规定：土地申请者为美国公民，并在该土地上耕作或定居连续 5 年，交纳了必要的费用及佣金（数目很少，早期仅为 10 美元）就可以拥有 64.75 公顷的联邦土地。该法推动了美国自由小农土地所有制和家庭农场制度的建立，促进了农业经济的发展。之后，美国又相继颁布了《木材种植法》和《荒地法》，让人们以低价得到更多的土地，自耕的小农场不断增多。独立战争结束后，美国经济发展环境得到了根本的改变,极大地释放了劳动生产力,小农场得以迅速发展。到1880年,美国农场总数已从1860年的204.4万个增加到400.9万个。

随着农业经营商品化的日益发展,农场主越来越理性和科学地管理自己的农场,虽然许多农场主仍笃信传统的耕作方法,但也开始尝试新的方法,如试行农作物专业化生产,以马代牛耕地,选择合理耕作方法等。在这一时期,美国仍然是农业社会,全美有一半以上的人生活在农村,农业对美国的经济发展具有重要的意义。1859年,在工农业净产值中农业比重为62.5%,工业只占37.5%,直到19世纪80年代,美国制造业的产值才超过了农产品的产值。

(三)家庭小农场的分化(1880—1920)

从19世纪80年代开始,市场的发展和技术创新使美国的工业化日趋成熟,制造业迅速崛起。到20世纪初,美国实现了从农业国到工业国的转变,成为世界先进的资本主义国家之一。

在1885年到1904年间,美国掀起了第一次企业合并浪潮,大型垄断企业遍布全美各个部门,特别是制造行业中,巨型企业最多。这一时期农业受益于工业化的发展,其机械化和商品化程度都大幅度提高,但农业仍以小企业的形式进行着家庭农场经营,只不过在美国经济中的地位和重要性相对下降。1860年,全美劳动力中的60%从事于农业生产,国民总收入的30%来自农业收入,而到1900年,上述比例仅为37%和20%。随着工业大企业的兴起,农业生产条件也发生了重要变化,干草机、联合收割机、自动播种机等新型农业机械普遍应用于家庭农场中,促进了农业生产力的扩张和技术进步,一些综合性农业企业开始出现,为了追求盈利而尽可能扩大农场规模,并雇佣农业劳动力,实施种植、加工、销售的一体化经营。

从1900年到1920年,面积超过105.22公顷的大规模农场数量增多,给中小家庭农场带来竞争压力,甚至生存威胁。这些农场为了与大农场抗衡,开始建立合作社,以此缩短运销过程,降低农产品成本，增强抵御风险的能力，共享市场利益。到 1907 年，美国的农业合作社已发展到 1 000 多家，极大地促进了农产品的销售，使得中小型家庭农场得以生存下去。合作社的迅速发展推动了农业由综合性生产转向专业化生产。

（四）家庭小农场的衰退（1921—1978）

从第一次世界大战结束到 20 世纪 70 年代，美国经济步入高度工业化阶段，大规模生产和企业大型化成为潮流，农业小企业经历了最为急促的衰退，小农场数量锐减，从 1940 年的 635 万个降至 1960 年的 396.3 万个，再降至 1978 年的 243.6 万个，大农场则迅速增加。

主要原因在于席卷农业的技术革命使农场经营日益资本密集化，而家庭农场难以筹措足够的资金，购买大型拖拉机和其他机械化设备、化肥农药、杂交良种等。机械化水平和劳动生产率更高的大农场则占了明显的竞争优势，农业部门的大部分利润都来自于农产品的加工和销售，而非生产种植。供产销垂直一体化的大规模农业企业垄断了食品产业，到 1972 年，垂直一体化企业占美国肉鸡生产的 97%，新鲜蔬菜种植的 51%，蔬菜加工的 95%，柑橘销售的 85%。

在巨大的竞争压力下，小规模家庭农场被迫放弃农业，1946 年至 1976 年家庭农场数从 590 万猛降至 280 万，1945 年至 1974 年退出农业领域的人数比进入农业的多 420 万。到 1974 年，全美农业人口不足 1 000 万，仅占总人口的 4%，农业就业人数仅占总就业人数的 4%，大批的农业劳动力转向非农产业，农业经营日益集中化。1948 年，占美国农场总数 10% 的最大农场生产了国内农产品的 24%，1968 年上升至 48%，到 1974 年，大的农场不到 50 万个，仅占农场总数的 17%，却获得农业净收入总额的 60%，而占农场总数 63% 的小农场，却只占净收入总额的 15.8%。许多小农场主无法依赖农业谋生，只能外出另谋出路。而一些家庭小农场依托大型综合农业企业，从事专业性垂直一体化的食品生产，加工业和销售获得成功。

(五)家庭农场的规模经营(1978年至今)

为了更好地维持市场竞争秩序，保护生产者的积极性和创造性，已实现现代化的美国越来越重视小企业的发展。政府早在1954年就成立小企业管理局，制定优惠政策，提供信贷担保，鼓励和扶持小企业的发展。

在此背景下，制造业、销售业、服务业等领域的小企业迅速成长起来；相反，农业小企业——小规模的家庭农场从20世纪40年代起开始的衰退至80年代仍在继续，到1986年，在全国劳动人口中仅有2.2%的人从事农业生产活动，而种植特产作物的大型家庭农场作为农业一体化企业的一个生产部门，在加工和销售方面获得比种植农作物更多的利润。起源于20世纪50年代的一体化以产供销纵向一体化、横向一体化、生产合同制三种形式在1960—1990年30年间得到稳步发展，其中产销合同生产量和纵向一体化生产量占农业总产值的比重分别从1960年的8.3%和3.9%上升为1990年的10.5%和7.9%。

目前，美国家庭农场已进入以技术水平为依据的规模经营阶段。农业技术革命的高度发展，实现了美国农业现代化，农业占用劳动力很少，但劳动生产率很高，平均每千名农业工人拥有拖拉机1 484台，每个农业工人创造增加值为39 523美元，因而有较强的市场竞争力，加之现代科学技术在农业生产和管理中的普遍应用，单位资源的产出率很高，增产潜力很大。美国农业在世界上具有比较明显的优势。20世纪80年代以后，农业在美国经济中的比例相对很小，农民对农业的依赖也越来越小，农业不再是重要的收入来源。但这并不意味着农业对美国已不重要。尽管农业产值只占国内生产总值的2%，但农产品出口却占出口总额的12%，所以农业仍然是美国很重要的一个产业，是美国对外贸易中多年保持顺差的为数不多的部门之一。

1996 年美国颁布了新农业法，将在 7 年内逐步取消同价格挂钩的农产品补贴，并使农民自主选择农作物品种和种植面积。为实施这项计划，美国拨出 360 亿美元用作农民在过渡期的补贴，到 2002 年后，补贴将完全取消。这一举措对家庭农场来说，既是严峻的挑战，又是难得的发展机遇。取消补贴会增加农民的经营风险，在短期内可能会影响到农民的收入，同时也将把农民完全推向市场，增强了农民的竞争意识，促使农业经营者不断改进技术，加强管理，进一步提高农业的经济效益。这一改革不仅在美国农业发展史上具有深远意义，对世界农业贸易也将产生重大影响。

美国家庭农场的发展经历了很漫长的过程，其中会有失败的经历当然最终是很成功的。成千上万的农户在这个新颖的农业形式中受益，并为中国农业的发展提供了很好的经验，接下来我们就来看看中国家庭农场的发展历程是怎样的。

第二节 中国家庭农场

家庭农场在欧美国家已有近 200 年的发展历史，在农业现代化进程中起到了极其重要的作用。与现代农业发展相适应的中国家庭农场，在经历 30 多年的农村改革发展后的今天也开始启程出发。2013 年中央一号文件首次提出家庭农场，把它放在现代农业发展的一个重要市场经营主体位置，正是对实践呼唤的一个回应。走在改革发展前列的浙江，家庭农场这一新生事物成长如何?

一、家庭农场的历史

我国家庭农场的历史并不算是很悠久，它是随着历史的变迁慢慢出现的新的农业发展组织形式，下面将从我国农业发展历史进程的角度来分析，家庭农场这个新生事物又是以怎样的农业发展背景来出现和成长的,见表1。

(一)按国民经济计划时期划分

表1 家庭农场的发展背景

时期	起止年限	重大事件
恢复时期	1949—1952	解放战争,土地改革
"一五"时期	1953—1957	农业集体化运动
"二五"时期	1958—1962	人民公社,三年困难
调整时期	1963—1965	"三级所有,队为基础"
"三五"时期	1966—1970	"文化大革命",农业学大寨
"四五"时期	1971—1975	"文化大革命",农业学大寨
"五五"时期	1976—1980	拨乱反正,家庭承包制
"六五"时期	1981—1985	改革开放,家庭承包制
"七五"时期	1986—1990	家庭承包制,农业徘徊
"八五"时期	1991—1995	家庭承包制,市场经济
"九五"时期	1996—2000	家庭承包制,农业产业化经营
"十五"时期	2001—2005	家庭承包制,农村税费改革
"十一五"时期	2006—2010	家庭承包制,新农村建设

(二)以重大事件为标志划分

1. 土地改革阶段(1949—1952) 从1927年开始,中国共产党就确定了土地革命的方针,并在苏区进行了实践。1946年5月4日,中共中央将刘少奇起草的《关于土地问题的指示》作为党内文件,发至各解放区贯彻执行,在广大的解放区进行了大规模的土地改革运动。1947年9月中共中央制定了《中国土地法大纲》,1950年6月中央人民政府颁布了《中华人民共和国土地改革法》,在全国范围内开展了大规模的土地改革运动。到1952年底,除台湾省和一些少数民族地区外,全国土地改革任务基本完成。土地改革使 3 亿多无地少地的农民分得了 4 667 万公顷土地，摆脱了每年向地主缴纳地租的负担。土地改革运动变地主土地所有制为农民土地所有制，政府给农民颁发了土地证。

土地改革彻底消灭了地租剥削制度，解放了农业生产力，使农业生产得到了较快的恢复和发展。1952 年农业总产值比 1949 年增长了 48.5%；粮食增长 44.8%，年增长 13.1%；棉花增长 193%，年增长 43.1%。1952 年农业生产已达到和超过历史最高水平的 1936 年，农民生活有了较大的改善。

从农产品流通方面看，在实行统购统销政策之前，我国的粮食市场是一种自由市场，农民除缴纳农业税（即公粮外）粮食可以自由上市。当时经营粮食的，除国营商业公司和供销合作社外，还有私营粮商。1952 年 7 月 1 日到 1953 年 6 月 30 日的粮食年度内，全国上市粮食 1 740 万吨，国家和供销社收购 69.9%，私商收购 30.1%。由此可以看出，私营粮商在当时的粮食市场上还是很有力量的。

2. 农业集体化阶段（1953—1957） 土地改革以后，中国农村变成了小农经济的汪洋大海。1953 年 10 月，中共中央政治局扩大会议通过《中共中央关于粮食统购统销的决议》；11 月，政务院颁布《关于实行粮食的计划收购和计划供应的命令》，中共中央做出《关于在全国计划收购油料的决定》；12 月，中共中央正式发布《关于发展农业生产合作社的决议》。根据上述决议和命令，农村流通体制和生产体制相应发生迅速变化。

1953 年，粮、油统购统销。1954 年，棉花和棉布统购统销。1955 年，生猪派购。1956 年，统购范围扩大到烤烟、麻类、甘蔗、茶叶、蚕茧、羊毛等农产品。1957 年，进一步将相当多的经济作物和药材纳入统购范围。随着统购统销制度在全国绝大部分农村的推行，农产品传统流通体制框架遂告形成。

在流通领域中强化指令性计划、弱化市场调节的同时，生产领域中也逐步加快集体化(当时称为农业合作化)步伐。从 1953 年初开始到 1956 年底,用了不到 4 年的时间(实际上主要 1956 年),完成了农业集体化进程。到 1956 年底,全国 96%的农户已加入了农业合作社,其中 88%的农户参加了高级农业合作社。

集体化运动在一定意义上是正在形成的高度集中的流通体制向生产领域的延伸。反过来,农业生产集体化的完成又为农产品传统流通体制的巩固和顺利运转提供了制度保证。正是在集体化运动基本完成的 1956 年 10 月 6 日,国务院做出了《关于农业生产合作社统购统销的规定》,规定统购统销一般以社为单位。这样,在集体化之后,国家便不再与农户直接发生粮食和其他主要农产品的购销关系,而是以合作社为购销主体,从而使国家在农村的统购统销对象,一下子从原来的 1 亿几千万农户,简化为几十万个合作社,明显增强了国家对农业经济活动的控制能力。国家从此建立起了从生产、流通到消费等各个环节,高度集中的传统农业经济管理体制。

3. 人民公社阶段(1958—1978) 从 1958 年开始,我国经济建设明显向生产发展上的高指标和生产关系上的所谓高级形式过渡,在农村,则掀起了人民公社化运动。人民公社化运动和共产风,是从两个方面推行当时的农业发展战略的。一方面,从变革所有制入手,试图一举实现生产力的大跃进;另一方面,从斩断商品交换关系入手,试图一举消灭资产阶级法权,捣毁滋生资产阶级的温床。在进行所有制变革和经济管理方式试验的同时,对农产品流通方面也做了相应的规定。

1958 年 4 月,河南省遂平县嵖岈山附近的 27 个农业生产合作社合并成一个包括 9 369 个农户的大社,当时曾叫大社和集体农庄。7 月份,根据《红旗》杂志第 4 期《在毛泽东的旗帜下》一文中引证的毛泽东关于人民公社的指示,改称嵖岈山人民公社,从而在中国诞生了第一个人民公社。公社化运动从 7 月份开始发展,经过8月份普遍规划、试办,9月份进入全面高潮。10月1日,新华社报道,全国农村基本实现公社化。

"三级所有,队为基础",产权关系模糊不清,没有从根本上解决管理过分集中、经营方式过于单一和分配上的平均主义等弊病。再加上"文化大革命"的冲击,造成了我国农业长期徘徊不前的状况。实践证明,人民公社不适应我国社会生产力发展的水平,给我国社会经济的发展造成了不可挽回的损失。遗憾的是我们并没有及时地从根本上改变这种体制,而是采用了"农业学大寨"这样的群众运动来维持这种体制的继续运转。

4. 家庭承包制阶段(1978年至今) 旧的农业经济管理体制对农民来说已经没有任何吸引力了,并且不能维持农民的基本生活需要,在这种情况下,农民自发地开始搞起了"包产到户"和"包干到户",承包制给农业生产和农民生活带来了生机和希望。党和政府顺应民意,尊重群众的创造精神,在全国普遍推行了家庭承包制,提出了农村改革和发展的新政策,调整了工农关系,增加了农业投资,提高了农产品收购价格。这一系列有利于农村经济发展的措施极大地调动了农民的生产积极性,推动了农业生产和农村经济的全面发展。1984年粮食总产量达到40 730万吨,比1977年的28 270万吨增长了44%。农业总产值以每年6%的速度持续增长。

家庭承包制的实质是把生产资料的所有权和使用权适当分离,土地等主要生产资料的所有权不变,仍然是社会主义集体所有制,但通过承包,实行统分结合,把经营权分解为集体统一经营和农民家庭分散经营两个层次,一方面发挥集体经济统一经营的优越性,另一方面发挥农民家庭分散经营的积极性。

国内外实践证明,农业生产适宜于家庭经营,即使在发达国家,家庭经营仍然是现代农业的重要经营形式,社会化的服务则是不可缺少的前提条件。因此,家庭承包制是适合中国农业实际情况的大大促进农业生产发展的具有中国特色的社会主义农业经营体制。1986 年以后一段时期我国农业出现的徘徊不前的情况，特别是粮食生产的有所下降，实际上并不是家庭承包制本身的原因造成的，而是国家农业政策，特别是农业投资减少、农业生产资料涨价等失误和家庭承包制的不完善引起的。

二、家庭农场的首次提出

早期家庭农场是独立的个体生产，在农业中占有重要地位。中国农村实行家庭承包经营后，有的农户向集体承包较多土地，实行规模经营，也被称之为家庭农场。

随着工业化、城镇化快速推进和农村劳动力大量转移，农村土地流转速度加快。农业经营规模和组织化程度也相应提高，由种植大户、家庭农场、专业合作组织和农业龙头企业等组成的新型农业经营体系逐渐显现。但是，从中国国情以及国内外实践来看，在生产领域，适合土地经营的主体还是以农户为主。

城镇化的不断发展使得数以亿计的农民工进城打工，有很多农民工还长期在城市驻扎下来。而与之相对应，在不少村庄则出现了“青壮年荒”，或者说是“劳力荒”，村里留守的大多是老人和儿童，青壮年已经不愿意或者因工作原因不能回家种地，大量的耕地主要靠老人打理。尽管有日益发展的农业机械化帮忙，但年龄越来越大的老年人还是越来越感到力不从心。另外，在土地上不管是老年人当家还是青壮年担当，各家各户传统的生产模式已经没有多少活力，土地的生产效率较低，农民的信息采集能力、决策能力、抵御风险能力、博弈市场能力、盈利能力都非常有限，以至于不少农民只能盲从和赌博，在农业的“大小年”现象中随波逐流。应该承认，当前的农业格局已经制约了农业的再发展；应该承认，我们又站在了农业改革的十字路口。

中国农业的发展进程，从计划经济时期的合作社，到改革开放后的家庭联产承包责任制，再到工业化背景下的以工商企业为主体的大规模经营，到今天经营规模为13.33公顷左右的家庭农场，可谓回环曲折，代价沉重。

2011年，政府方面确定了支持发展家庭农场等新型的经营模式，但没有在文件里正式提出过，这是家庭农场首次出现在公众的视野范围内。从2011年确定了支持发展家庭农场等新型经营模式起，我国已经培育家庭农场99家，并下发《2011年家庭农场项目指南》，扶持资金354.7万元，平均每个家庭农场获得财政补贴3.58万元。2012年武汉市发展家庭农场68个，安排扶持资金210万元。从这样的发展趋势可以看出，政府对家庭农场的投资在不断增大，家庭农场日后也会被列入中国农业发展的重要形式的文件当中，这对于农户来说，又增加了一种增加生产与效益的农业生产形式，将会得到众多农户的支持。

三、家庭农场的正式提出

2013年中央一号文件提出，鼓励和支持承包土地向专业大户、家庭农场、农民合作社流转。“家庭农场”的概念是首次在中央一号文件中出现。农业部农村经济体制与经营管理司负责人日前解释说，家庭农场是指以家庭成员为主要劳动力，从事农业规模化、集约化、商品化生产经营，并以农业收入为家庭主要收入来源的新型农业经营主体。

透过中央一号文件对“家庭农场”的鼓励和支持态度，我们看到了一条农业农村改革的新路径，一条充满着阳光和希望的新路径。

以密云的周末农场的家庭农场为例，其规模大多在1.33～13.33公顷，其生产的农产品有以其名字命名的生产者自有品牌，并且建立了完整的食品安全追溯体系，更有保障。

21世纪初以来，上海松江、湖北武汉、吉林延边、浙江宁波、安徽郎溪等地积极培育家庭农场，在促进现代农业发展方面发挥了积极作用。据统计，农业部确定的33个农村土地流转规范化管理和服务试点地区，已有家庭农场6 670多个。

20世纪80年代中后期，浙江省宁波市就有了家庭农场的雏形，出现了一批良田适度规模经营大户，随着市场经济的不断发展，一些大户自发或在政府部门引导下，进行了工商注册登记，以期寻求法律的保护和进一步参与市场竞争的机会。截至2012年12月，登记为个体工商户的家庭农场有295家，登记为个人独资企业的有90家。

上海市松江区自2007年推出家庭农场到2012年6月止，已发展到1 173户，经营面积占全区粮田面积的77.3%，户均经营面积7.6公顷，户均年收入10.1万元。松江区的家庭农场，是指以同一行政村或同一村级集体经济组织的农民家庭为生产单位，从事粮食、蔬菜种植或生猪养殖等生产活动的农业生产经营模式，其发展家庭农场须坚持五大原则：农民自愿有偿原则、经营者自耕原则、适度规模经营原则、土地流转费合理适度原则、经营者择优原则。因此，松江区的家庭农场试点被称为松江模式。

湖北省武汉市从2011年确定了“支持发展家庭农场等新型经营模式”，培育家庭农场99家，并下发《2011年家庭农场项目指南》，扶持资金354.7万元，平均每个家庭农场获得财政补贴3.58万元。2012年该市发展家庭农场68个，安排扶持资金210万元。

安徽省郎溪县农委从2009年起连续3年安排“全国农技推广体系示范建设”项目资金共计90万元，在全县优选10个家庭农场，每年为每个农场投入项目资金3万元，开展示范家庭农场建设，以起到示范带动作用。

湖南省汝城县现有养殖、种植、休闲初级规模家庭农场1 200余家，2012年家庭农场创农业总产值11.56亿元，分别比2009年的6.82亿元、2010年的8.46亿元、2011年的9.98亿元，同比增长170%、137%、116%。随着该县家庭农场数量增多和规模化发展,家庭农场对基地的发展规模、集约化、商品化生产经营模式日趋增强、日益明显。

家庭农场的土地流转方式加快。有的地方土地流转很快,如河南省罗山县共流转土地10.05万公顷,其中流转耕地4.8万公顷,占常用耕地的68%;流转林地4.5万公顷,占集体林地的58%;水面和其他流转面积7870.6公顷。土地流转方式呈现出多元化特点,其中转包占67%,出租占19%,转让占9.1%,互换占3.4%,此外为托管、入股等其他方式。

第二章　家庭农场的概念及特点

第一节　家庭农场的基本概念

一、美国定义的家庭农场概念

(一)概念的演变

美国对于家庭农场的定义并不是一成不变的,过去对美国家庭农场仅停留在一般理解上,即它是家庭经营的农场。随着农业生产率的提高,美国农场的规模越来越大,农场数目越来越少。最近发现,美国家庭农场的概念有其质的规定性,而且随着时间的推移,不断发生巨大变化。

杰佛逊时期(1801—1809)家庭农场主具有 3 方面的特点:一是有自己的土地;二是自己管理决策,自己劳动;三是自给自足。每家种自己的地,养活自己的家庭,很少同市场发生关系,基本上就是小农经济中的个体农户。在 19 世纪至今的近 200 年中,美国家庭农场概念有 3 次大的变化。

第一次是在 19 世纪末至 20 世纪初,家庭农场概念有了很大变化。随着农业技术的进步和农业商品化生产的发展,土地所有权已经不是家庭农场的一个绝对标准。农场主能否得到更大福利和保持独立,主要看收入多少。农场主为了得到更多收入,就要求能租种土地和雇用外来劳力,扩大经营,为市场生产。至 1930 年,农场雇工已差不多和农场主的人数一样多。

第二次是在 20 世纪 40 年代,美国农业部为家庭农场确定新的概念,即:经营者一般用全部时间经营,其他家庭成员进行辅助;

雇用外来劳力不多，以及收入可满足家庭生活和维持农场之用。根据这一定义，家庭农场可以拥有大量资本和土地，实际是鼓励农场扩大规模。它排除了兼业农场、乡居农场、未充分利用家庭资源的农场，以及不能为其成员提供足够收入的农场，这些规模都较小，不算家庭农场。

第三次是在70年代初，家庭农场概念形成主要内容是：家庭农场是一个农业企业，经营人承担风险，他与他的家庭承担绝大部分农活和经营。据此，任何不是由雇用的经理经营的农场都是家庭农场。家庭农场的特征已不表现在土地所有权、销售规模、耕地数量与投资多少上，而主要表现在家庭付出的生产性努力及报酬上。新概念实际只有3点要求：自己经营管理、自己承担风险以及家庭必须提供农场劳动力的一半以上。目前一般家庭可提供一个半劳动力，故家庭农场的雇工的劳动量要在一个半劳力的劳动量以下。现代家庭农场概念包括了比40年代定义更大和更小的农场。如按40年代的定义衡量，目前家庭农场的数目只占农场总数的56%，而按现代家庭农场概念衡量则达95%以上。正确概念是为农业政策的确定和实施服务的，美国农业政策历来的目的之一就是保护和发展家庭农场，这首先就要确定哪些是家庭农场。

看来，19世纪末20世纪初的一次变化是最重要的。通过这次变化，美国的家庭农场从自给自足的个体农户发展为商品化农业生产单位，以后2次变化只是在某些方面做些修改或更加具体化。总的看，家庭农场是不断发展的概念，今日之家庭农场同19世纪的相比已经面目全非了。

(二)美国农业部(USDA)对于家庭农场的定义

家庭农场，一个起源于欧美的舶来名词，农民家庭通过租赁、承包或者经营自有土地的农业经营形式。维基百科的定义为：家庭农场指由家庭拥有并运作的农场，通常世代相传。家庭农场是人类历史大部分阶段及当代发展中国家农业经济的最基本组成单位。除家庭农场外，还有农业综合企业、工厂化农场（Factory farming）和集体农业（Collective farming）。

美国发展家庭农场的历史悠久，在对家庭农场的定义方面也有自己的解释，美国农业部针对家庭农场的定义如下。

①生产销售农产品，其数量需足以使得农场得到社区认可，以区别一般乡村住宅。

②能够获得足够的收入（包括通过非农职业所得），以支付家庭和农场运作费用，偿还债务，维持不动产。

③由经营者管理。

④经营者及其家庭可提供数量可观的劳工。

⑤忙季可使用兼职劳工，并拥有合理数量的全职劳工。

二、中国定义的家庭农场的概念

（一）家庭农场概念的基本区分

从中央对家庭农场的推广来看，家庭农场应具有两个特征：一是在组织上是由同属于一个家庭的成员组成，而没有其他家庭的成员参加，这是家庭农场的前提条件；二是自主经营、自负盈亏的农业经济实体。这两个特征必须同时其备，缺少其中任何一个，就不是家庭农场。从这样的特征来看家庭农场的定义可以是：以家庭为单位，自立经营、自负盈亏的农业经济实体。

准确把握家庭农场的基本概念，既要借鉴国外家庭农场，又要切合我国国情和农情。重点可从以下 3 个方面来把握。

1. *以家庭为生产经营单位*　相对于专业大户、合作社和龙头企业等其他新型农业经营主体，家庭农场最鲜明的特征是以家庭成员为主要劳动力，以家庭为基本核算单位。家庭农场在生产作业、要素投入、产品销售、成本核算、收益分配等环节，都以家庭为基本单位，继承和体现家庭经营产权清晰、目标一致、决策迅速、劳动监督成本低等诸多优势。家庭成员劳动力可以是户籍意义上的核心家庭成员，也可以是有血缘或姻缘关系的大家庭成员。家庭农场不排斥雇工，但雇工一般不超过家庭务农劳动力数量，主要为农忙时临时性雇工。

2. *以农为主业*　家庭农场以提供商品性农产品为目的开展专业化生产，这使其区别于自给自足、小而全的农户和从事非农产业为主的兼业农户。家庭农场的专业化生产程度和农产品商品率较高，主要从事种植业、养殖业生产，实行一业为主或种养结合的农业生产模式，满足市场需求、获得市场认可是其生存和发展的基础。家庭成员可能会在农闲时外出打工，但其主要劳动场所在农场，以农业生产经营为主要收入来源，这使其区别于以非农收入为主的兼业农户（如已经在城镇稳定就业的中青年农民，平时从事二、三产业，只有业余或周末时才到田间劳动，农业只是其家庭收入的辅助来源），是新时期职业农民的主要构成部分。

3. *以适度规模经营为基础*　家庭农场的种植或养殖经营必须达到一定规模，这是区别于传统小农户的重要标志。结合我国农业资源禀赋和发展实际，家庭农场经营的规模并非越大越好。其适度性主要体现在两个方面：一是经营规模应与家庭成员的劳动能力相匹配，确保既充分发挥全体成员的潜力，又避免因雇工过多而降低劳动效率；二是要与能取得相对体面的收入相匹配，即家庭农场人均收入达到甚至超过当地城镇居民的收入水平。当然，这种“适度”因从事行业、种植品种等不同而有所差异，并且随着农田基础条件、农业生产技术和农业机械装备的改善，家庭农场经营规模的“适度”也会随之变化和提高。

（二）家庭农场概念的基本定义

尽管中央时常提及“家庭农场”，但如何定义还没有统一的认识。这就导致有的种植大户已在尝试这一经营模式，却不知自己就是家庭农场的雏形；有的农场不以家庭成员为组成，或不从事农业生产经营，却自称家庭农场；有的人将家庭农场主与地主相提并论，担心引发土地兼并；有的人错误地将家庭农场与“休闲农业”混为一谈。对家庭农场的含糊定义，影响到如何界定、如何扶持、如何引入登记制度等一系列问题。

在对中国社会科学院农村发展研究所副研究员廖永松进行采访时，他是这样说的：“从理论上说，这个概念是极其混淆、边界不清的。但是很显然，这是一个具有中国特色的概念。根据美国农业法对家庭农场的定义，有 4 个方面：生产一定数量用于市场销售的农产品，在农村社区中可以与一般居民相区别；包括农业和非农业收入来源用于家庭消费经营支出和拥有一定的财产；由农场主自己管理；农场主和家人是农业生产经营劳动提供主体，在生产高峰期也会雇佣临时或全职工人。根据中国农业发展现阶段，除了农业部主管部门从自己部门管理角度对家庭农场的定义外，中央一号文件中‘家庭农场’的概念界定的较好：家庭农场是由农户家庭生产经营管理、自己和家人为生产具有较大数量农产品和较大经营规模提供主要劳动力的农业生产经营单元。”

在中国，我们将家庭农场通常定义为：以家庭成员为主要劳动力，从事农业规模化、集约化、商品化生产经营，并以农业收入为家庭主要收入来源的新型农业经营主体。它与小农经济的区别就是：家庭农场是以家庭为单位的商品经济，生产的农产品以满足市场需要为目的；小农经济是自给自足的自然经济，生产的农产品目的是满足自己的需要。

第二节　家庭农场的特征与优点

一、家庭农场的特征

(一)家庭农场的连续性

家庭承包责任制是党在农村实行的一项基本政策。这一政策极大地调动了广大农民的劳动积极性,随着农业生产的发展,为了克服小农经济本身存在的缺点,家庭经营方式必然会发生一些变化,即由小块土地的分散经营转变为土地相对集中的适度规模经营。这种适度规模经营的方式,实际上也就是小型的家庭农场。

家庭农场是在家庭承包制的基础上发展起来的,其核心是在稳定家庭承包制的同时,依照自愿互利有偿原则,将一部分土地通过流转方式,向专业大户集中,进而组建家庭农场。这样,既不会削弱家庭承包制这个基础,又能进一步解放生产力。家庭农场并没有使家庭承包责任制发生改变,分散经营和适度规模经营在性质上并没有什么不同,只不过后者是前者的延伸和扩大;既没有改变家庭承包责任制,同时又具有现代农业的因素。因此,家庭农场在经营方式上具有连续性。

(二)家庭农场的适应性

这里所谓的适应性,包含两方面的内容:

第一,家庭农场符合我国的国情。在现阶段,我国农村生产力不高,我国的农业生产还没有完全摆脱手工劳动,新的科学技术应用较少。同时,我国地域辽阔,东西南北的自然条件和经济基础都不一样。在这种情况下,农业经营规模不可能很大,而家庭农场经营的规模也不是很大,它能够因地制宜,灵活多变,以适应农村的生产力水平。

第二,家庭农场符合农民的思想状况。由于历史的原因,我国农民长期处于个体的小生产状态,而家庭承包责任制给他们带来了土地经营自主权。农民有了经营自主权,就可以在自己承包的土地上精耕细作,这样不仅能给自己带来现实的经济效益,同时也促进了农业生产的发展。农民害怕政策多变,如果现在就改变家庭承包责任制,组建合作集体农场,势必会使农民的积极性受到伤害,从而影响农业生产的发展。正是基于现阶段我国农民的这种思想状态,当前建立和发展家庭自主经营的小型农场较为适宜。

(三)家庭农场的阶段性

从我国农村目前的情况来看,家庭经营绝大多数是分散进行的。作为农业生产的一种方式,家庭经营也可以形成一定的规模,适应现代农业发展的要求。也就是说,兴办家庭农场,也是实行农业的规模经营,是由传统农业向现代农业转变的一个途径。在由传统农业向现代农业转变的过程中,家庭农场建立之初毕竟规模较小,而且有某些不足之处。因此,家庭农场作为一种经营方式,不可能固定不变,长期停留在小型的初级阶段上,它必然会随着农业生产力的进一步提高而发展。也就是说,当我国的农业生产力发展到较高水平时,家庭农场的经营规模就会越来越大,由初级阶段发展到高级阶段。那时,一种可能是由小型农场发展为中型或大型农场;另一种可能是若干家庭农场联合起来,形成类似土地股份公司那样的经营模式,建立起更大规模的合作农场。

(四)家庭农场的现代化

这里所讲的现代化是区别于传统农业而说的,在中国这个以农为本的国家,农业的发展经历了几千年,一直都离不开人力,虽然古往今来也利用很多的机器代替了人工的劳动,但是在中国的广大农村普及的力度并不是很高,大部分的农户家庭仍然是利用最基础和原始的方法来进行农业生产,这样的生产方式既影响了人工的工时,也会影响农民的收成。

家庭农场积极采用新技术、新设备、新方法,是绿色农业、高效农业和可持续发展的农业。不过,具有以上内涵的中国特色的现代家庭农场的建立和发展必须有一系列外部环境和政策的支持,目前这些环境和政策并不完全具备,在较长一个时期内都将处于从传统小农(更符合实际的表述可能是承包制小农)向现代家庭农场的过渡阶段。

(五)家庭农场的规模化

家庭农场的一个重要特点,就是规模化经营。在一项针对浙江省宁波的家庭农场调查报告中有这样的表述:近些年,家庭农场经营规模普遍较大,279 家种植类家庭农场经营面积均在 3.3 公顷以上,其中 3.3～6.7 公顷 123 家,占 44.1%;6.7～33.4 公顷的 139 家,占 49.8%;33.4 公顷以上的 17 家,占 6.1%。畜牧场的经营规模也大大超过国家、省定的经营规模标准。年销售额在 50 万元以上的有 355 家,占 92%,其中 500 万元以上的有 37 家。由于经营规模较大,有 237 家家庭农场雇有长期雇工,占家庭农场总数的近 2/3,雇工人数 1 016 名,平均每个农场 5 名左右,最多的达到几十人,仅 1/3 左右以家庭成员为主要劳动力。家庭农场从事产业领域逐步拓宽,其中从事蔬菜瓜果种植的 242 家,粮食 28 家,生猪 50 家,禽类 34 家,其他 31 家。可见现在的家庭农场发展已经初具规模。

规模化经营就是规模越大越好吗?其实并不是。2013 年中央一号文件指出,我们所要发展的规模经营,应当是适度规模经营。所谓适度规模经营,就是取得最佳经济效益的经营规模。而为了形成取得最佳经济效益的适度规模经营,首先必须使农业的经营规模与劳动者的经营能力正相适应。劳动者的经营能力,要受劳动者的自身素质、科学技术水平及其拥有的物质技术装备等因素的制约。如果农业经营规模偏大,超过了劳动者的经营能力,就会出现粗放经营,导致经济效益低下。为了形成能取得最佳经济效益的适度规模,必须使经营规模与社会化服务水平相适应。也就是说,经营规模的大小,要受该地区社会化服务水平的制约。正是由于这个原因,2013 年中央一号文件提出,必须加快构建新型农业社会化服务体系。

(六)家庭农场的市场化

作为家庭农场的经营,一定是面向市场进行生产组织,以利润最大化为其生产目标,而不是以前的小农经济的自产自销的状态,家庭农场是自主经营、自我积累、自我发展、自负盈亏的经营实体,在农业微观组织体系中居于核心地位。

在对宁波市的调查中得到,全市385家家庭农场2010年实现销售收入8.26亿元,利润1.48亿元,分别比上年增长28.8%和35.6%,平均每个场分别为214万元和38万元,大大超过普通农户的收入水平。有224家家庭农场牵头领办或加入了农民专业合作社,有103家家庭农场与农业企业签订了产品购销合同,有110家拥有自主商标权。有不少农场主是购销大户或农产品经纪人,市场信息灵,产销连接紧密,产品竞争力强。只有面向市场的经营方式才是能满足现在家庭农场基本条件的经营方式。

(七)家庭农场的其他特征

家庭农场是大农场里的小农场,以家庭为基本生产单位,是一个相对独立的经济组织形式;家庭农场实行统与分相结合的管理形式,允许职工在完成承包合同任务以后,根据市场经济的需要进行生产和经营;家庭农场的生产资料实行公有和承包使用相结合,允许职工拥有一部分,甚至大部分(除土地以外)的生产资料;家庭农场实行按劳和股金分配相结合,允许请帮工进行生产;家庭农场有较高的商品率和劳动生产率,实行专业化、社会化的生产;中国家庭农场以劳动密集、土地适度集中为基本特征,这与美国式的以土地密集为特征的经营农场和雇工农场有着显著的区别;家庭农场的经营者收入高于一般个体农户,将获得与城镇居民大体相当的收入,从而消除城乡之间的收入差距;家庭农场的劳动者以成年的家庭成员为基本的劳动力来源,并不排除短期季节性雇工的存在,现代家庭农场中的农业劳动人口处于充分就业状态。

二、家庭农场的优点

家庭农场是一种新型的农业经济组织形式，相对于我国传统的小农经济来说，是一个很大的改革和创新，在了解了它的基本特点之后，我们也可以探索一下它区别于以往分散农户经营所带来的优点。

(一)有利于科技兴农、科学种田

发展农业生产，除了调整农业生产关系即变革经营体制之外，还需要提高生产力即变革生产手段。革新农业生产手段，不仅包括采用机器、使用化肥、兴修水利等技术条件，还应包括实行科学化的经营管理。经验证明，分散细小的地块，影响土地的有效使用，也会妨碍采用大型农业机械和高新科学技术，势必限制农业生产的发展。对于农业生产的持续、优质、高效发展来说，必须依靠科学技术。因此，实施科技兴农方针，是发展农业生产的客观要求。

但是，某些高新农业科技，只有在大面积的耕地上才能够推广。这是因为，一些要求大面积推广的农业科学技术，只有在家庭农场的耕地相对集中时，才可以进行统一规划，合理布局，而且有利于机耕机播和农田喷灌，既可节水，又能减少许多田埂和渠道，增加耕地。如果耕地太分散了，就会影响到它的实施。所以，家庭农场有利于农业生产的科学化，提高农业劳动生产率，收到优质、高产的效果。

(二)有利于推动农业的社会化

现代农业是社会化的大农业。社会化的农业生产，要求农业的内部实行分工和专业化，外部则与市场建立联系。在当今欧美一些国家，既有相当发达的现代化农业，同时也存在着大量的家庭农场。这些家庭农场实行产业化的生产经营，为市场提供丰富的农产品。显然，小农户是无法进行这种社会化的农业生产的。对于小农户来说，根本谈不上什么农业生产的内部分工和专业化，只能是一家一户的“小而全”。农民既要熟悉农业生产的各个环节，又要考虑农产品的销售问题。特别是个体小农对市场陌生，信息不灵，生产什么和生产多少，带有很大的随意性和盲目性，加上他们的经济实力弱，承受不住市场带来的风险，而家庭农场则能够弥补这个缺陷。家庭农场由于经营规模相对较大，经济实力相对较强，对市场行情和动向了解较多；因此，它可以做到农业生产的分工和专业化，并且将农产品顺利地推向市场。

(三)有利于优化土地资源配置

家庭农场可以进一步促进土地资源的优化配置，可以进一步激发农民的积极性、释放农业的潜力。家庭农场的经营特性明显，家庭农场主必须按照企业管理模式来核算成本、加强管理、追逐利润，必须要适应市场、开拓市场，由于家庭农场实行规模化、集约化、商品化生产经营，因而具备较强的市场竞争能力。

家庭农场模式往往要涉及土地流转和集中，而在土地流转和集中的过程中，必须严格遵循双方自愿和平等互惠的原则，即其他农民或村集体自愿把土地承包给家庭农场主，由家庭农场主支付合理的承包费，双方签订合同，约定承包的期限。在这种模式中，土地归村民集体所有的性质是不变的，向外承包土地的一方在合同到期后可以收回土地。因而，家庭农场模式并不会伤害农业的根基，也不会伤害其他农民和村集体的利益。

(四)有利于增加农产品的升级

家庭农场以追求效益最大化为目标，使农业由保障功能向盈利功能转变，克服了自给自足的小农经济弊端，商品化程度高，能为社会提供更多更丰富的农产品。同时，家庭农场亦比一般的农户更注重农产品质量安全，政府也更易于监管。据调查，宁波市80％以上的家庭农场实行了标准化生产，农场的管理制度、农事记录、生产台账相对齐全,一些大的农场还将相关管理制度上墙。例如,山西省周伟平农场种植水稻面积33多公顷,每年为国家投售300多吨粮食,成为全国优秀种粮大户、市级劳动模范。慈溪市掌起绿叶农场2003年开始成立,坚持规模化经营,企业化管理,到目前经营面积达到106公顷,为农业龙头企业海通公司提供了大量的农产品原料。

家庭农场的产品其实更多都具有高品质的特点,这对于未来农业的发展而言,无疑是进一步加剧优胜劣汰的进程。试想,家庭农场越来越多,高品质的农产品越来越多,对于那些大规模不求品质生产出来的农产品,无疑会起到一定排挤效应,而这排挤效应达到一定质变的时候,必将又反过来引导这些农产品被迫升级跟随市场需求导向。事实上,目前不少农产品都已经打出各种绿色环保概念的高端特点作为卖点,其实就是市场需求的体现。我们也清楚,现在的中国人在财富迈入小康水平后都尽力提升生活的品质,饮食品质的提升无疑就是首要的,家庭农场能够开始悄然崛起就是在这背景下产生的。由于品质的提升价格自然也就有相当的提升空间,事实上,大众对于高品质的农产品相对高的价格接受程度是非常坦然的,这反过来也就进一步提供了农产品升级的发展空间。

(五)有利于促进农业集约化经营和可持续发展

家庭农场的生产经营具有以市场为导向的企业化特征,要在激烈的市场竞争中生存和发展,每个家庭农场都会加大物质和科技投入,提高集约化经营水平和劳动生产率。由于农业生产的基础是单个农户,家庭经营的存在将是一个长期的、难以替代的方式,家庭经营方式也有其规模小、成本高、风险大等短处。而家庭农场则是将两者结合的有效方式,既保持了家庭生产的基础,又通过适度扩大的规模经营,保证了农业生产。

同时,家庭农场亦如家族企业一样,具有较好的传承性,能较好地维持和保护农业生产力,实现农业可持续发展。家庭农场生产装备设施投入较大,普遍投入均在几十万元以上,一些规模畜牧场投入达上千万元,农机具购置齐全,农机化水平普遍较高。这有利于保障农业的集约化经营和可持续发展。

(六)有利于增加农业产量和农民收入

在家庭承包责任制保持不变的前提下,通过家庭经营方式的升级,使分散生产的小农经营发展为家庭农场的适度规模经营,无疑会带来农村经济的繁荣。有关资料表明,早在 20 世纪 80 年代末,在北京、上海、天津、江苏、浙江、广东、四川、山东等省、市,实行适度规模经营的农户,都获得了显著的经济效益。这些实行适度规模经营的农户,实际上也就是处于初级阶段的家庭农场。他们在农业劳动生产率、土地利用效率、单位面积产量、农产品商品率、农业机械化水平、农民纯收入等经济指标方面,都优于小规模分散经营的农户。在现阶段的我国农村中,江苏省南部地区和广东省南海的家庭农场,可以说是有某种代表性。

(七)有利于推进科教兴农和培养职业农民

家庭农场是培养职业农民的有效载体。家庭农场的劳动力是家庭内部成员,农场收入是家庭的主要收入,为了将收入最大化,家庭中的青壮年会选择留在家里务农。家庭农场的规模效应让这些年轻人在务农中获得了可观的收入,而他们身上也初具职业农民的影子。由于家庭农场是以市场需求为导向,以经济效益为目标,这让年轻人在务农中获得理想的收入,使他们逐步成为职业农民,在其发展中会自动实现代际传承和新老交替。至 2012 年底,全国经营 6.67 公顷以上的专业大户、家庭农场超过 270 多万户。

家庭农场是推进科教兴农的有效手段。作为规模经营主体,家庭农场比一般农户更迫切需要农业新技术、新品种、新设施,也更有能力接受推广和使用,成为实施科技兴农战略的主力军。慈溪市各类家庭农场累计引进甘蓝、草莓等优新品种100多个，成功推广优新品种17个，并成为应用测土配方施肥技术、无害化防治措施、先进农机具应用等方面的先行者。农场主既懂生产，又懂经营管理和市场营销，是典型的新型农民；同时，通过家庭农场效益农业的带动，一批农场主的下一代逐步对现代农业有了新的认识，成为家庭农业产业继承人，一批农户受影响带动加入家庭农场行列，成为新的农场主，一批大学生在家庭农场就业创业，培养了现代农业的新生力量，还有一些农民被吸纳到现代农场成为新一代农业产业工人，既有土地租金收入，又有薪金收入，收入水平大大提高。

(八)有利于解决“空心化”问题

长期以来，因为农村自身经济的停滞不前，农村的青壮年劳力纷纷外出打工，让农村日渐“空心化”。家庭农场正在改变农业分散的家庭承包经营导致的农民老龄化、兼业化等问题。由于以家庭成员为主要劳动力、农业收入为家庭主要收入来源，家庭农场在发展过程中会自动实现农业劳动力的新老交替。家庭农场逐渐吸引一批年轻人留在农村务农，通过农业生产实践成长为职业农民，解决“无人种地”的问题。也就是解决当前农村的“空心化”问题。随着家庭农场的良好发展，留在农村本地的青壮年将越来越多，“空心化”问题自然日渐化解。

(九)有利于解决农村留守儿童的问题

近些年来，留守儿童的问题颇受中央和地方的关注，儿童青少年的发展一直是国家很重要很关键的方面，孩子是祖国的希望，是未来的栋梁。但是留守儿童的数量越来越多，他们与正常儿童的区别也被人们渐渐地发现，许多孩子患了自闭症，不愿意与周围的人进行沟通与交流，这样不仅不利于孩子的身心健康发展，而且也可能导致一些犯罪行为的出现；另外，还有一部分的留守儿童出现很强的叛逆心理,不愿意上学,逃学忤逆成为他们对周围人的主要表达方式,由于其父母常年在外打工,只剩下年迈的爷爷奶奶照顾,难免会出现很多的问题。我们追溯留守儿童的问题,就是父母常年不在身边,缺乏沟通与管理,才造成很多孩子走上了颓废和犯罪的道路,一旦父母留在农村发展家庭农场,儿童就可以与父母朝夕相处,留守儿童也会越来越少。这样,就可以一部分的解决留守儿童的问题。

(十)有利于解决农村城镇化的难题

城镇化,是一直提倡的口号和方向。近些年来,中央对农村的城镇化发展提出了很多的政策,包括鼓励新农村的建设,提供平等的就业和受教育的机会。但是真正的城镇化,并不是将农民全部地赶进城市,成为所谓的"城里人",而是将农村从政治、经济、文化等方面发展好了,变成真正的城镇,就像中国的华西村那样,成为真正的农村城镇化。家庭农场的发展会给农户带来不同往常的农业经营形式,也具有很多的优点,若是家庭农场发展良好,农村的经济条件不断改善,农村成为城镇也只是个时间问题。

综上所述,家庭农场的适度规模经营,克服了小农分散经营的缺点,提高了农业生产力;随着农业生产力的提高,又必然促使农业劳动力逐渐减少并向非农产业转移,从而使农民的收入不断增加;而农民收入的增加又必然提高消费水平,促使市场扩大,推动工业发展;最终随着家庭农场的建立和发展,广大农民都能走上共同富裕之路。

第三章 家庭农场的类型

第一节 以所有制形式划分家庭农场类型

一、国营农场内的职工家庭农场

国营农场内的职工家庭农场是在联产承包尤其是家庭承包经营的基础上发展起来的。它兴起于20世纪90年代，是在国家号召下的大包干形式，随着经济的发展，它逐渐从束缚的状态下走了出来，得到了比较全面的发展。它是以家庭为单位与国营农场通过合同或其他形式订立的以责权利为内容，以经济效益为中心，实行独立核算，自负盈亏，主要从事商品生产的一种经济组织形式。

我国的职工家庭农场出现在20世纪，每个地方的发展都是大同小异的，以安徽省为例，来了解职工家庭农场的具体内容和发展：

安徽省农垦长期以来，对经济责任制进行了多方面的探索。从20世纪50年代中期起，就试行计件工资制，1958年试行"三包"(包工、包产、包利润)办法。60年代初期，已初步形成"定、包、奖"制度。其主要内容是：农场对分场(作业区)和生产队采取"三定一包"奖赔办法，即定定额(如人员定额、机具定额、机械作业定额、劳动定额、生产消耗定额等)、定成本、定任务，一包到队，超额完成任务奖励，无故没有完成而减少收入的赔偿。超额部分的奖金，其80%奖给职工，10%留生产队，10%上缴农场(三级核算的场，总场和分场各得5%)。需要赔偿的部分在全队工资总额中扣除，主要扣没有完成定额任务的职工的工资，但扣除工资时要注意不能影响职工基本生活。生产队对工人实行“四定”，即在定额的基础上，定工（定每个工人全年出勤天数）、定质（定作业质量标准）、定量（定日工作量和应得工分）、定时（定完成时间）。有的将任务包到人，有的包工组，有的小段包工。对超额完成定额的职工进行奖励，对没有完成定额的扣发工资。“三定一包”的奖赔办法，只是农场对生产队通过“定任务”方式开始联系到包产，而生产队对工人的“四定”只与作业时的干多干少、干快干慢、干好干坏相联系，与产量还不挂钩。1962 年春，全省国营农场工作会议要求“有重点地逐步实行定、包、奖生产管理责任制”。1963 年，省农垦在华阳河农场召开全系统经营管理座谈会，研究定包奖责任制、计划管理、定额管理以及职工“自用地”和家庭副业等问题，推广华阳河农场的“承包责任制”经验。从此，“定、包、奖”经营管理制度在全省农垦由试点摸索到较大面积地实行。

国营农场实行“定、包、奖”制度，实质上是把农场和国家双方的经济责任，通过责任制的形式规定下来，把经营成果与农场和职工的物质利益结合起来，对国家、农场、职工三者都有利。安徽省农垦在 20 世纪 60 年代中期之所以生气蓬勃，其重要原因，就是实行了这种行之有效的经营管理制度。

安徽省是全国农业生产责任制的发源地。农村大包干的优越性，给全省国营农场职工以巨大的吸引力。职工家庭农场的全面兴办，起到了农垦改革突破口的作用。

这些家庭农场虽然刚刚从家庭承包大户的基础上发展起来，它们还只是家庭农场的雏形。但是这些农场已经明显地呈现出以下一些特点：

第一，家庭农场是大农场里的小农场，是一个相对独立的经济组织形式；

第二，家庭农场实行统与分相结合的管理形式，允许职工在完成承包合同任务以后，根据市场经济的需要进行生产和经营；

第三，家庭农场的生产资料实行公有和承包使用相结合，允许职工拥有一部分，甚至大部分(除土地以外)的生产资料；

第四，家庭农场实行按劳和股金分配相结合，允许请帮工进行生产；

第五，家庭农场有较高的商品率和劳动生产率，实行专业化、社会化的生产。

这些家庭农场不仅具有上面讲的一些特点，由于生产的内容、经营的形式等不同，还可以划分为不同类型。

(一)以生产的内容划分

1. 专业家庭农场　所谓专业家庭农场是指专门从事某类动、植物以及其他工副业生产的农场。

2. 兼营家庭农场　兼营家庭农场是指以一业为主，兼营其他一些生产项目的农场。

3. 综合家庭农场　综合家庭农场是农林牧渔以及工副业混合经营的农场。据统计分析，各类家庭农场在各团场所占的比重不等，一般说，前 2 类占家庭农场数量的 80%～90%。专业家庭农场从其产品的性质看，还可以分为：家庭种植场、家庭渔场、家庭畜牧场、家庭林场以及家庭小工厂、小作坊等。

(二)以生产的特点划分

1. 承包现有生产项目的家庭农场　职工习惯上称其为承包性家庭农场。这类农场占的比重较大，它是在现有生产规模和条件的基础上承包的，因而能较快地发挥家庭经营的优越性，形成新的生产力。

2. 具有开发性质的家庭农场　职工称之为开发性家庭农场。它也是通过承包关系确立的农场，其承包对象是开发荒地、荒滩、荒山和荒湖等。在开发过程中，一般是自筹资金(个别的国营农场也垫付一定资金)，从开荒到经营，一包到底。这类农场既可以节省投资,又可以就地安排一部分劳动力,但需要 1 年或几年才能逐步形成生产力。如农五师待业青年张庆红经团场批准,办开发性家庭农场,1983 年开荒 3.8 公顷,当年播小麦 0.73 公顷,种枸杞 0.67 公顷。为了照顾开发性生产的一些特点,其开出的耕地长期承包,头 3 年不上交税利,以后按比例递增上交利润或税收。

3. 半开发性家庭农场　半开发性农场既承包现有生产项目,又进行开发性生产经营的农场,它较之单纯的开发性农场要多一些。

(三)以经营的形式划分

1. 以家庭为单位承包　这种经营方式又分为两类,一类是以家庭成员的劳动力进行生产和经营的家庭农场,这类农场约占 67%。一般来说,在这些家庭内部,劳动力较多,且成员中,既有会生产,又有懂经营的能人。另一类是请帮工(不包括换工或临时工)生产的家庭农场,这类农场所占的比例很小。

2. 联户家庭农场　联户一般是以血缘关系的父子、兄弟、翁婿、妯娌等组合的居多,有些则是由好友组合的。这类农场的形成主要是:各个家庭为了互相弥补劳力、资金或技术的不足。他们通过自由协商组成农场,并推举大家信得过的能人主持场内事务。如农七师一三一团 3 连试办的 7 个家庭农场,其中有 5 个是由两家或四家联办的。在这 5 个联户农场内,有 3 个由兄弟、妯娌联办,2 个由同乡联办。

3. 挂户家庭农场　所谓挂户是以家庭为主,其他单身职工自愿参加所办的农场。

(四)以经营的性质划分

1. 生产性的家庭农场　生产性的家庭农场包括农、林、牧、副、渔业生产。

2. 服务性的家庭农场　服务性的家庭农场包括产前、产中和产后各种以服务性为主的农场以及家庭托儿所、家庭食堂等。如从家庭农场的性质出发，还可以把家庭农场分为承包家庭农场、租赁家庭农场、公私合营家庭农场和私人家庭农场。

二、民营农场内的农户家庭农场

相对于上文中提到的国营农场内的职工家庭农场，还有一种民营农场的农户家庭农场形式的存在。

我国农村实行家庭承包经营后，有的农户向集体承包较多土地，实行规模经营，也被称之为家庭农场，也就是上述的职工家庭农场类型。2013 年“家庭农场”的概念是首次在中央一号文件中出现，鼓励和支持承包土地向专业大户、家庭农场、农民合作社流转。这样的文件，更多的鼓励农户家庭农场的发展。

它不同于职工家庭农场，主要是以家庭成员为主要劳动力，从事农业规模化、集约化、商品化生产经营，并以农业收入为家庭主要收入来源的新型农业经营主体。在美国和西欧一些国家，农民通常在自有土地上经营，也有的以租入部分或全部土地经营。农场主本人及其家庭成员直接参加生产劳动。早期家庭农场是独立的个体生产，在农业中占有重要地位。

截至 2012 年底，全国 30 个省、自治区、直辖市（不含西藏）共有符合本次统计调查条件的家庭农场 87.7 万个，经营耕地面积达到 1 174 万公顷，占全国承包耕地面积的 13.4%。平均每个家庭农场有劳动力 6.01 人，其中家庭成员 4.33 人，长期雇工 1.68 人。

从美国的家庭农场形成、发展及特点来看，美国农业的发展是基于土地产权制度明晰、土地经营规模化、专业化以及政府调控与保障的结果。近年来，我国理论界也在不断努力探索农业生产组织方式的发展模式问题，主要包括土地私有化和农业产业化等观点。从我国农业生产发展的现状来看，实行土地私有化必然会导致相当一部分农民失去土地，也就会失去土地为其提供的基本生活保障，由于我国的工业化、城镇化水平较低，土地私有化道路与我国现阶段基本国情并不相容；以家庭为基本生产单位的家庭农场与现行家庭联产承包责任制的经营模式没有发生本质变化，同样存在着土地分割细化，不利于规模经营的发展。

自改革开放以来，我国农业生产组织形式上一直采取了“家庭联产承包责任制”这一经营模式，实质上就是“包产到户”或“均田制”，在一定意义上而言就是平均主义。这一经营模式在改革开放的初期，极大地调动了农民生产的积极性，推动了农业生产的快速发展。但经过近 30 年的发展，我国的政治、经济、生活和社会无不都在经历巨大的变革，作为家庭联产责任制这一经营模式已逐步暴露出与社会化、专业化、现代化大生产不相容的特性。现代社会经济的发展强调的是社会分工的细化和协作能力的增强，但现行农业生产经营模式则处于一种“独立、分散、无序”的状态。有鉴于此，我们必须学习和借鉴国外农业生产发展的先进经验，实现我国农业生产组织经营模式的创新。在现阶段，我国农业生产组织经营模式的最佳选择为构建民营农场制度。

民营农场是指由投资者出资对现有土地资源进行整合，有农民以资金、技术、机械、土地等入股并借以取得股份分红，独立经营且具有法人资格的经济实体。考虑到我国农村的现状，我们认为现阶段我国民营农场可以采取股份制方式，这样既可以调动投资者的积极性，也可以使农民得到土地所提供的基本保障。

民营农场不同于国外的家庭农场，其基本区别为：

第一，土地性质不同。我国的民营农场在土地性质上仍然属于国家和集体所有，而西方国家的土地则归私人所有；

第二，经营模式不同。我国民营农场的重大决策应由股东代表大会决定，而西方国家的农场经营则由农场主做主；

第三，报酬分配方式不同。我国民营农场的农业工人，既可以取得薪金收入也可以取得土地分红，西方国家的农业工人仅仅取得薪金收入；

第四，接受宏观调控方式不同。我国民营农场的生产、经营管理要受到国家宏观经济政策及宏观调控手段的影响，既有政策调控也有市场调控，而西方农场的经营管理与生产主要依赖市场调节。

目前，我国在农业生产经营模式上构建民营农场制度，对推动我国农业发展具有积极的效应。

（一）可以优化土地资源政策，实现集约化经营

构建民营农场制度可以解决现行土地分散经营产生的土地资源浪费现象，实现土地集约化经营，走规模经济道路。在以家庭为基本经济单位的生产方式下，土地被分割细化，浪费严重。分散经营的边际效益已经接近于分散经营的边际成本，难以发挥规模效应，这可以从大部分的农户弃田抛荒看出。在农村，不管是土地，还是其他资源都存在一个集中的趋势。土地向会种田、想种田的农户集中，资源向大户集中。只有集中才能获得规模效益，只有集中才有可能使土地经营的边际效益大于土地经营的边际成本，从事农业生产才有可能生存下来。通过建立民营农场可以从根本上解决规模不经济问题。同时，由于农场生产规模较大，在农业生产资料的采购中可以实现批量购买，降低生产成本，即使是在同等价格条件下，也可以获取较高利润。

（二）可以促进农业产业化结构调整

构建民营农场制度可以有利于农业产业结构调整，走与国际农业接轨之路。在以家庭为生产单位的生产模式下，农户受到自身知识水平的限制，对现代农业发展的趋势、国际市场的走向缺乏了解和把握，一般农户都是靠经验组织生产活动，加之农户在生产中各自为政，具有极强的随意性，不利于新产品的推广和应用，更不利于农业产业结构的调整。通过农场制可以以市场为导向并顺应市场的变化,不断更新和实现农业产业结构的升级和转变。

(三)可以提高农业商品化水平

构建民营农场制度可以提高农业商品化水平,推动商品经济的发展。尽管社会主义商品经济在我国已经发展了多年,但在我国广大农村商品化程度仍然较低,基本维持在小农经济状态,实物分配仍占据相当大的比重,劳动力的劳动付出从来没有得到货币承认和回报,农户在计算农产品的生产成本时也从未考虑过劳动力费用概念。建立民营农场制后,农户转变为农业工人,其收入也必然实行货币化分配。随着劳动力收入的货币化必然带动相关领域的商品化进程,从根本上改变我国农村的小农经济状态,使得这块维持在商品经济边缘的产业及早进入商品经济行列。

(四)可以转移农村剩余劳动力

构建民营农场制度可以转移农村富余劳动力,提高我国工业化水平。改革开放30多年来,伴随我国社会经济的发展,农民在对土地的依附性方面大大降低,农民就业渠道也日趋多元化,非农就业收入比重大,土地的社会保障功能已经大大淡化。由于城乡二、三产业的发展,有些地方,特别是在东部地区和部分城市郊区,土地收入已经不是农民收入的主要来源了。也就是说,农民不再仅靠土地经营来维持生计了,土地也不是唯一的生存就业保障了,这就大大降低了农民对土地的依附性,弱化了承包土地的社会功能。民营农场制度建立后,可以使更多的农民脱离土地对自身的束缚,从而实现农村劳动力的转移。

(五)有利于解决农业发展资金不足的问题

构建民营农场制度有利于吸引资金向农业领域流动,解决农业发展中资金不足问题。长期以来,作为弱势产业的农业一直受到政府政策的倾斜与呵护,无论是农业发展银行的设立还是农业专项资金的运用,都不难看出政府的良苦用心,但困扰我国农业发展的资金缺口始终未能有效解决。资金具有趋利性,这是商品经济的一般常识,通过建立民营农场,可以吸收社会富余资金,缓解农业发展资金的不足,同时民营农场是按照企业化模式进行运作的,投资者可以成为农场的股东,投资必然会获得回报,我们相信民营农场一定会成为投资者投资的乐园。

(六)可以起到示范试点的作用

构建民营农场制度可以起到示范作用,便于在全国推广。就我国目前现实状况来看,由于各地农业生产的具体状况不同,环境也存在差异,如果在全国建立统一的农业生产方式可能会存在一定的问题,在全国统一推行和实施民营农场制度也可能会存在一定的困难,但我们可以通过在部分地区进行试点,在试点的基础上总结成功经验然后在全国推广,从而推动农业生产组织方式的根本转变。

(七)可以提高和实现农业生产的专业化水平

目前,在我国广大农村,由于农业生产的单元作业,农户在生产品种及农业生产的管理方面存在极大的随意性,尽管基层政府在农业生产的引导方面做出了积极的努力,但也不可避免地产生盲从性,弱化了农业生产的专业化水平。现代社会化大生产理论更加强调社会的分工与协作功能,民营农场制度建立后,可以实现生产组织、销售组织、管理队伍的专业化,只有不断提升农业生产的专业化水平,才能使我国农业生产在国际市场上具有竞争力。

(八)可以实现农业生产组织方式在理论上的重大突破

从近年来我国理论界的研究成果来看,在涉及农业生产的组织方式方面,都不同程度地采取避实就虚的态度,缺乏对农业生产组织方式具有实质性的触动,到目前为止,学术界提出的构建民营农场理论缺乏深入的研究。

第二节 以产业型类型划分家庭农场

家庭农场的类型并没有很正规的文件和文章明确地指出与表明，但是在对全国的调查中显示，截至2012年底，在全部家庭农场中，从事种植业的有40.95万个，占46.7%；从事养殖业的有39.93万个，占45.5%；从事种养结合的有5.26万个，占6%；从事其他行业的有1.56万个，占1.8%。根据现有的全国的家庭农场类型和发展趋势，我从产业类型的角度，将家庭农场分为种植型、养殖型、种养结合型和农庄型4个类型，当然也不排除其他类型的存在，在此就不再做详实的介绍。

一、种植型家庭农场

农民是靠地靠天吃饭的，在各式各样的土壤上可以种植人们所需要的各种食物和材料。种植，即植物栽培，它包括各种农作物、林木、果树、药用和观赏等植物的栽培，有粮食作物、经济作物、蔬菜作物、绿肥作物、饲料作物、牧草等。

当然，发展种植型家庭农场，一定要有适度规模的土地，近年来国家在土地方面也推出了一系列的政策，鼓励农民进行土地流转，更好地扩大种植规模，发展家庭农场等新模式的农业。下面给大家引进2个成功的例子，看看这些地方是如何发展种植型家庭农场的。

(一)四川自贡家庭农场

1. *效益* 1.67公顷果园收入50万元，年利润20万元。

自贡白庙镇，因塔罗科血橙闻名，这一品种的引进，与一名叫李必祥的农场主密不可分。早在1985年，自学果树种植的李必祥就通过承包土地的方式，种植柑橘起家，成为远近闻名的致富能手。如今近30年了，李必祥在白庙镇的果园已经有了1.67公顷，其中 0.67 公顷血橙、0.33 公顷不知火、0.67 公顷丰脐。

“现在都是半机械化作业，对人力的需求很少，一年到头，基本上都是家庭成员在干。”李必祥说，“由于技术过硬，硬件有保障，扶持力度大，我的果子产量一直很稳定，每 667 米^2 至少都能达到 3 500 千克，平均每 667 米^2 产值约 2 万元，除一半多的投入外，其他都是纯收入。”

2. 优势　有资本再投入，有项目能争取。

关于家庭农场的优势，李必祥认为至少有两点：一是家庭农场较单个农户更具规模，有资本进行投入；二是家庭农场管理精细，效益突出，能更好地争取国家项目。

“以果树为例，现在种血橙很赚钱，但总有一天会不赚钱，市场更新换代很快的。”李必祥说，“这就需要不断引进新品种，进行试种。去年我引进了 15 个新品种，光引种费就是 75 000 元，加上树苗的费用和杂费，差不多要投入 10 万元。引种的成功率，往往不到 10%，这样的投入对普通农户来说，几乎是不可承受的。如果不投入引种，品种又会淘汰，最终只能赔钱。”

“我这果园里的灌溉设备，大部分是国家项目争取来的，你们现在所走的水泥路，也是国家出钱修的，这都是基础设施建设的投入，换成普通农户，没有规模和效益，是争取不到这些项目的，如果要搞，只能自己贴钱。”

3. 思路　城里人当农场主，村里人当大管家。

“可惜今天没出太阳，不然你们还能闻见玫瑰花香。”李必祥笑着说，血橙和丰脐都有香味，太阳天尤其明显。“我有一个想法，以果树为媒，搞旅游产业，但资金一直是个问题，如今家庭农场概念的提出，让我觉得这个想法有望实现。”

李必祥说，搞农业投入大、资金回收周期长，这是制约农业最大的一个问题。随着家庭农场概念的提出，必然会有相应的支持政策，会有更多城里人想到农村来圆农场主的梦想。“我个人建议，城里的朋友最好还是采取入股的方式来做这个事，一来可以节约成本，二来也可规避风险。”李必祥说，“比如可以与当地一些农场主合作，城里人出资金，村里人出技术和管理，否则要成功是很难的。”

4. 自贡现状 有很多家庭农场雏形

家庭农场是农民家庭通过租赁、承包或者经营自有土地的农业经营形式，但在自贡有多少家庭农场，还无法统计。

“种植面积多少才算一个家庭农场，这还没有严格界定。”自贡市农牧业局生产科科长龙正和说，自贡一个农村家庭所拥有的土地只有 0.2～0.33 公顷，这显然达不到要求。“在上海等地，一个家庭农场的规模就界定在 6.67～13.33 公顷。”

龙正和介绍，其实早在中央文件出台前，自贡就有很多家庭农场的雏形了。“家庭农场有利于规模生产，可以解决生产过于分散的问题。”他告诉记者，自贡的农业主要是自给自足的小农经济，由于受土地规模限制，一个家庭耕作 1 年也就赚 2 000～3 000 元。

(二)山东胶州家庭农场

拥有几亩良田是古时很多农民的梦想。如今胶州市李哥庄镇种粮大户王兴迁注册成立了一个农场，他所租种的 356.9 公顷土地囊括了周边 12 个村庄，共约 2 000 个家庭的土地。机械化、规模化种植降低了成本，别人种地不赚钱，他支付地租后还有不少赚头。

“现在我种地，如同韩信点兵一样，多多益善。”王兴迁今年种地的收入估摸着能达到 200 万元。不仅如此，他还想把家庭农场打造成既包含粮食、蔬菜种植区，又有奶牛养殖区、休闲垂钓区；既有农业生产，又有生态旅游观光的复合型农场。眼下他还盼望着能有正式的文件来“保护”租下的地，“现在租地赚钱了，个别人也会眼馋，就可能想尽办法把地收回去。”这一直是王兴迁的心结。

1. 租地 一个农场租了 2 000 家农户的地。

胶州市李哥庄镇道路两旁的大片土地，麦苗葱茏。这些土地属于胶州最大的家庭农场——经营面积达335.33公顷的鸿飞大沽河农场，负责人是李哥庄镇纪家庄村48岁的农民王兴迁。

“胶州的企业越来越多，很多人不愿意种地而出去打工，闲着怪可惜的，但我觉得种地永远不会过时，就把别人不愿种的地租了过来。”王兴迁对土地一直有着深厚的感情，就想着发展美国式的机械化大农场。

从起步到发展到333.33公顷的规模，王兴迁历经了5年的时间。2007年王兴迁以每年每667米^{2}275千克小麦的租价从东小埠村、西小埠村和双京村租了40公顷地，尝试种粮食。头一年，虽然没白天没夜黑地干很辛苦，但一年下来，算上各种种粮补贴，除去人工费用等投入，王兴迁赚了5万～6万元。2008年，与纪家庄接壤的即墨市蓝村镇四里村闲下来20公顷地，没人承租，他又以每年每667米^{2}230千克小麦的租价转租过来。规模化种植让他越干越有劲：“机械化操作省人工、速度快，能够达到优质、高产、高效的效果。”2009年，王兴迁转租的土地达到了113.33公顷。

到目前为止，王兴迁所承包的335.33公顷土地囊括了周边12个村庄，共约2 000个家庭的土地，每年付给流转土地的村民每667米^{2}230～350千克小麦不等的租金。

2. 机械化　机器上阵至少省一半人工费。

这么多地，怎么种？“这是收麦子的、那是播种的……”，在这个农场的农机库，王兴迁如数家珍地介绍了各种农用机械，“一共有30多台大型机器，一般每台得20多万元。”王兴迁说。最让他骄傲的是，去年6月农业部官员带领部分省区市的农机推广站人员到农场开了现场会。王兴迁说，由于过去家庭生产面积都比较小，大型机械很难发挥作用，规模化种植后大型机械有了用武之地。

“2007年刚开始干时，机械都是租的，抢收抢种时，即使出高价也雇不到机械，只能等别人种完了才能用，因此2007年、2008年连续2年减产。”王兴迁不想再受制于机械不足的瓶颈，借助333.33公顷土地这一平台，他组建了青岛鸿飞农机专业合作社。2012年3月，王兴迁在工商部门注册成立了“胶州市鸿飞大沽河农场”，农场共投资1000万元人民币。

在基建方面，他个人投入400万元，占50%的股份，其他的13个股东以资金或以机械入股，最少投入7万~8万元，最多投入50多万元。“虽然东拼西凑我个人投入了400万元，但形势好的话，3年赚回来没问题。”

机械化为规模化种植节省了人力。王兴迁说，随着人工费越来越贵，使用机械至少省一半人工费，33.33公顷只需1人管理，而且质量更好。“以烘干机为例，用人工晒粮食，每千克收购价在2.2元，用烘干机的，就能达到每千克2.4元，人工晒的粮食糠多、土多，卖不上价去。”

二、养殖型家庭农场

众所周知，“养殖”，即培育和繁殖（水产动植物）。养殖包括生猪养殖，家禽养殖，水产养殖，特种养殖几大类。当然，养殖型的家庭农场也就是指生产的对象主要是生猪、家禽和水产。这些都是人们日常生活中所必需的肉类来源，人们的身体健康与这些食物来源的卫生戚戚相关。

人们或许会问了，为什么一定要形成养殖型的家庭农场？自家养点猪和鸡之类的，我们吃不了卖到市场上就可以挣些钱了。其实这样的想法不能算是错误的，只能说是太局限的眼光。农业本来就是我们国家的最主要的产业，在21世纪，文化知识科技的力量是不可忽略的。我们要做到将知识和科技应用到农业的发展中，这样才能改善中国几千年来的自给自足的小农经济模式。这样的模式具有小、低、分散等很多的缺点，这样的模式并不能带动农民真正的富裕起来，也不可能带动三农经济的发展，更不可能带动农村城镇化的发展。这样产生的问题不仅会很多，而且农村贫穷的现状还是不可能改变的，一个农村不能富裕，也就代表着越来越多的农村不能富裕，这样怎么能带动社会的进步，农民也只是止步于老祖宗靠天吃饭的情况。

所以，中央在2013年的中央一号文件中指出，要鼓励农民发展家庭农场，这不仅是从农村现状出发的，也是从中国的现有国情中出发的。规模化是家庭农场的主要特点，但是并不是说规模越大越好，凡事都要讲一个适度地原则，当然这里也不例外，我们要适度的发展农场的规模，做到合理养殖。

养殖型的家庭农场最容易遇到的问题就是养殖最容易形成传染病，这些传染病包括最近很严重的口蹄疫和国外很严重的疯牛病，这些都可能会直接或者间接地影响人们的身体健康。所以发展这种类型的家庭农场，一定要从饲料、防疫、兽药使用等方面严格把好每一个关口，做到低污染甚至零污染的养殖，这样才能保证家庭农场的生猪、家禽和水产品可以销售到市场上，不然即使是在规模化方面做了再大的努力也是不行的。

另外，养殖型的家庭农场也一定是离不开科技和知识的支持的。现在都鼓励农民学习科学养殖的知识，首先要弄清农场的现有条件，然后根据现有的条件得出农场现在发展的优点和缺点，然后才能因地制宜，加大某些缺陷方面的投入，才能克服农场发展所面临的瓶颈。现在政府在很多的方面已经推出了对农户的支持政策，会很多的对农户进行补贴，以保障农场的经营。

下面我们给大家讲一个养殖型的简单例子。

春季，许家山山头已是绿意点点。

2月20日上午，阳新县三溪镇姜福村村民尹传深家的猪圈内，尹传深和妻子明三蓉轻轻地清扫垃圾。一头头肥猪昂头张嘴、蹿来蹿去。尹传深曾经是搞装修的木匠师傅，如今却当起了“猪倌”。

尹传深今年47岁，初中毕业后只身前往山东、河北等地做木工。10年下来，他赚取了人生的第一桶金，却不忍心妻儿留守家中。

2008年，他毅然返乡投资养猪。起先，妻子明三蓉并不乐意，“别人拼命往外跑，你却往家里走。莫非舍不得这点土地?”但是，尹传深硬是用自家的几亩地与人互换，在尹河组许家山建起了几栋150模式猪圈，办起了养猪场。带着妻子把家安到养猪场内，与猪相伴。

当年，尹传深以每千克36元的高价购进300头猪崽。年底，因猪价下滑，养猪场亏损了。尹传深没有放弃，在外进猪崽成本高、有风险，就决定走自繁自育之路。银行贷不出款，就向亲朋好友借。

到2009年，养猪场饲养了18头母猪，100多头肥猪。然而，人算不如天算。这一年，养猪场的母猪几乎全部“流产”。母猪的“丧子”之痛，也深深刺痛了尹传深的心。

经受了市场风险和疫病袭击的双重考验，尹传深夫妇苦学养猪技术，研究猪市行情。夫妻俩不急不躁，循序渐进、稳扎稳打。功夫不负有心人。2010年，尹传深的猪圈出栏肥猪500余头，不仅挽回了所有损失，还大赚一笔。

如今，这个脱离土地的农民家庭，一家子的心血全部放在养猪场，管理也逐渐规范起来。尹传深主管养猪场整体工作，妻子明三蓉分管财务后勤，儿子利用在外工作的机会，分析研究市场行情。他们家的养猪场每年出栏量保持在500头左右，生产的沼气全部供应给附近村民家用。

尹传深夫妇清扫完猪圈，拍了拍身上沾着的雾水，微笑地走出猪圈。他说：“养猪场的新年规划已经出台，打算再建造3栋猪圈，流转 13.3 公顷土地，扩建化粪池，利用沼气种菜。”13 公顷土地流转协议已经签约，尹传深心里盘算着：把养猪场的基础打牢，以后就可以放心地交给孩子们打理了。

三、种养结合型家庭农场

种养结合生态家庭农场模式是在种植业家庭农场的基础上，发展适度规模生猪生产，农场经营户既种植农作物又饲养生猪，将猪粪尿就近还田，形成了种植业与养殖业一体化生产模式。

这种模式是这几年新推广的，它具有循环农业和绿色农业相关的特点，该模式实现了农业规模化生产和粪尿资源化利用，改善了农业生产环境，降低了农田化肥使用量和农业生产成本，提高了农产品品质，并通过种植业与养殖业的直接良性循环，改变了传统农业生产方式，拓展了生态循环农业发展空间。在推广上更受政府的支持和农户的追捧，也更有利于农产品的上市销售。

上海市松江区 2008 年 5 月开展小型种养结合生态家庭农场建设试点工作。在运行模式上，采取“政府扶持、农田配套、企业经营、农场饲养”的方法；在经营管理上，采用“龙头公司＋家庭农场”的形式，龙头公司为农场主统一供应仔猪、统一供料、统一管理、统一收购、统一结算，即由生猪企业松林公司为农户提供仔猪、饲料、技术等服务，并向农场主支付代养费，农户不承担市场风险，保底收入。种养结合生态家庭农场模式作为农业生产组织形式创新，是上海市松江区的首创，从 2008 年开始试点，发展 5 家。2009 年在一定范围内进行推广，培育了 20 家，截至 2010 年 1 月，全区已建成投入运营 25 家种养结合家庭农场。

松江区在种养结合生态家庭农场模式的推广上取得了积极的成效，得到了相关专家与领导的肯定。该模式找准了种养结合的“结合点”，解决了种植与养殖生产经营分离，粪尿还田利用难协调的问题，真正实现了“种”、“养”结合，为现代农业组织形式开创了新的途径,为农业可持续发展做了有益的探索。

与前面的两种类型一样,我们还是引用 2 个成功的例子,帮助大家了解这种种养结合的模式发展。

(一)武汉新洲和江夏

1. 样本一 新洲陶国民

养鸡、种菜、种草莓,36 岁的陶国民的家庭农场一年收入上百万元。

近日,新洲区阳逻武汉生物工程学院后面,陶国民带记者参观他的家庭农场。鸡舍有好几栋,养鸡 3 万只。地有 12.7 公顷,一眼望不到边,用来种植水稻、蔬菜和橘树。地里还有 30 多个钢架大棚,种植速生菜和草莓。鸡舍和菜地之间,埋着一个 60 $米^3$ 的沼气池,原料主要是鸡粪和烂菜叶等废物。

2000 年,陶国民退伍回到家乡武湖村,花 2 000 元试着养了 500 只鸡。经过 9 年发展,他养的鸡达到 3 万只。养鸡场里每天只需要 2 小时就能完成鸡群养护和蛋品销售,其他时间闲着没事,附近的农民常到养鸡场拖鸡粪作肥料,象征性给点儿钱。时间一长,陶国民盯上了生物工程学院后面一大片撂荒的土地,慢慢地流转了一些荒地。2009 年,他开始自种草莓,第二年就开始赚钱。

陶国民种的蔬菜和草莓,施的是现成的有机肥——每天 3 万只鸡排出大量粪便与烂菜叶混合,在沼气池里发酵成沼液,可以让 12.7 公顷地吃个够,还有多余的鸡粪出售。

陶国民算了一笔账:"如果光施复合肥,12.7 公顷地 1 年至少要花肥料成本 20 万元。而我有鸡粪作主肥,每年只用买 3 万～4 万元钱复合肥搭配一下,不仅节约 16 万～17 万元成本,还是正宗农家有机肥,让菜和草莓长得好。附近学校师生和单位员工都愿意上我这儿摘草莓,学校食堂和二级批发商也愿意买我的菜。"

近 2 年,陶国民的家庭农场年收入都在 70 万～100 万元。在鸡蛋行情不好的年头,养鸡户大多亏损,他能靠种植赚钱。

2. 样本二　江夏张大海

种菜、养猪、养鱼，2 年还清 60 万元外债。

江夏区五里界东湖村张家湾，只见路边一遛排高大的蔬菜大棚里，穿着黑衣服长雨鞋的张大海和几个人正在忙着摘菜薹。

“我的家庭农场有三部分组成，分别是种菜、养猪和养鱼”。张大海指着沿路的 20 多个蔬菜大棚说，这里的蔬菜是一年四季轮种，眼下种着菜薹、大白菜、菠菜等 10 多个品种。3 月底，有些过季的蔬菜地，就改换成种西瓜和小京瓜，秋天种玉米、茄子，冬天种菜薹、大蒜，这样按季节交替种植，市民们随时都可以摘取新鲜蔬菜和瓜果。

说起 3 年前开办家庭农场的艰辛，张大海和妻子彭秀琴眼里闪着泪水。2010 年，在镇村领导和亲朋好友的鼓励和支持下，他借来 60 万元资金，用于筹备家庭农场。他将自已家的 0.67 公顷地以及租来的 1.34 公顷地，全部做成大棚种蔬菜。

“种菜的苦，一般人是吃不了的，一年到头没有 1 天休息。就拿夏天浇水来说吧，半夜三更，别人在家睡觉，我们却要戴着头灯去田里浇水，蚊蝇一抓一大把，常常咬得人浑身难受。浇完水后，睡不了 2～3 个小时，又要起床下地摘菜，拖到菜场去卖。”说起办家庭农场的苦处，张大海感慨万千。

张大海的家庭农场主要是生态循环种植和养殖，用村里打豆腐的豆渣来喂猪，猪粪在池里发酵，做成农家肥种菜，蔬菜的残叶投入鱼塘养鱼。

蔬菜大棚对面有一个约 2 公顷的鱼塘，这是张大海去年开春才租下的，已投入了 2 万多元的鱼苗，准备今年改建成精养鱼池专养鳜鱼，建成投产后，今年年底预计增收 15 万元。

说到收入，张大海乐呵呵地，他前年和去年加起来有 50 多万元收入，但由于农场硬件投资太大，至今还有些欠款没有还清。目前全部精力都放在家庭农场的建设和发展上，他对家庭农场的前景很有信心。

(二)上海郊区

新浜镇鲁星村农民盛辉表的家庭农场经营范围扩大了，在种植10公顷水稻之外，日前又建成了一座简易猪场，引入300多头仔猪养殖，1年下来可出栏商品猪近1 000头。据悉，盛辉表是新成立的上海松林畜禽养殖专业合作社的社员，该合作社计划在3年内打造100个这样的“一座猪场＋一片粮田”的家庭农场。

业内人士介绍，这是沪郊诞生的首个“种养结合”型合作社，几年内水稻、蔬菜的种植面积将达1 000公顷左右，所有猪场年出栏商品猪可达10万头，种养规模在郊区少见。该模式不仅通过修复原本断裂的农业生态链实现“畜禽粪便对外零排放”，还将为沪郊养猪业的可持续发展找到方向。

合作社中最近将有5个家庭农场率先参与种养结合，他们的水稻种植面积一般在6.7～10公顷，简易养猪场每一批的养殖规模在300头左右，1年可出栏商品猪700～1 000头。今后，每家养猪场每天的污水和干粪都会被集中起来，然后经过发酵等处理，再由专门铺设的管道输往周边匹配的水稻或蔬菜田里。这使得养猪场的废弃物不再需要贴钱处理，种植业的有机肥料也可免费获得。畜牧专家告诉记者，根据有关科学研究，每667米^{2}农田1年可“消化吸收”5～6头商品猪的畜禽粪便，那么10公顷田的畜禽粪便承载量就是近1 000头商品猪，松江为家庭农场设计的种、养规模正好大略匹配。

合作社农民尝试种养结合，也并不需要多少投入。先行试点的5个简易猪场，每个总投入约50万元，都是由松江区级财政补贴，试点农户仅有使用权；但等模式成熟后，该投入将由农户与政府共同承担。另外，农户每一批养300多头仔猪，都由合作社中的龙头企业松林公司统一提供，省去了近30万元的仔猪投入；4个月下来，300多头猪吃饲料共要开销20多万元，也是由龙头企业提供；猪养成后，更是直接交给企业去销售。农户无须承担任何养殖风险，但可以获得“每头猪 50 元”的代养费，1 年近 1 000 头的收入就有 5 万元左右。另外，种植 10 公顷粮食的年收入也有 4.5 万元左右。如此一来，一户“种养结合”家庭农场的年收入大约 10 万元。

为了找到种养结合的赢利模式，合作社正在尝试做通“生产＋加工＋销售”一条产业链。合作社带头人王龙钦表示，生态种养模式下的猪肉、大米等产品独具竞争力，应该会受到市民认可，因此目前合作社已注册“松林”品牌，今年将开出几十家专卖店，同时还在筹划建设一家年屠宰量 20 万～30 万头的大型屠宰场。有关专家还指出，以前，沪郊将养猪业视为畏途，而种养结合解决了养猪可能带来的环保问题，对保障城市猪肉供应也具有积极意义。

四、农庄型家庭农场

农庄型的家庭农场，是将栽果、养殖和农家乐相结合的一种家庭农场形式。

2013 年的中央一号文件第一次把大力扶持发展家庭农场、生态农庄作为中央的头号文件，家庭农场、休闲农庄已成为符合国家政策又符合市场大趋势的热门项目。但据国家权威部门统计，农业已连续多年成为利润最高的行业。面对如今生意难做、办厂工人难招、成本上升、效益低下、竞争十分激烈的状况，一些有眼光的投资者和企业，已从其他竞争激烈的行业中走出，转身在家庭农场中寻找商机，但又苦于无经验、无思路，对项目内容不清楚。

早在 10 年前，中央电视台热播的电视剧《刘老根》，剧中的龙泉山庄生意火爆，与如今各行业产品都供大于求形成鲜明的对比，休闲旅游市场严重供给不足。每逢五一节、国庆节，各地景点人潮如流，酒店空前爆满，火车、飞机加班加点仍然无法满足游客的出行需求；节假日、双休日更是把各地的高速公路、国道甚至连乡村公路都堵得水泄不通。每逢周末人们纷纷涌向乡村、走近田园采摘水果、蔬菜。而今“吃农家饭、住农家屋、看农家景”已成势不可挡的潮流。因此,创办小型家庭农场,可以让城里人玩得尽兴,并且可以给农民带来很丰厚的收益。

办这种家庭农场的基本思路是:在市镇郊区找一块地,或利用旧校舍养殖山珍野味,利用动物粪便种植新型水果、蔬菜(零成本),再修木屋、竹楼、蒙古包(投入少),发展野味馆、茶庄等。农庄独特的野猪宴、野鸡宴、野兔宴、野鹅宴及不施农药、化肥的新型水果、蔬菜,不但可使游客吃到鲜美、滋补的绿色野味,还可让游客参与狩猎、烧烤、加工珍禽标本,观看斗野猪、斗野鸡,野猪、野兔赛跑等惊心动魄、极富刺激性的节目,可吸引大量的游客。

投资这种形式的家庭农场有其自身的优势所在。

1. 投资稳,成本低　以野生动物养殖带动种植,再发展餐饮业、休闲业、旅游业,而种植、餐饮又为养殖提供饲料,不但成本低、投资少,而且其技术易掌握,远没有办厂、经商的精细、复杂与奔波劳累,可很快使您成为农场主和富翁。投资可大可小,边投入边产出,养殖半年见效益,野味餐饮特色明显,竞争力强。

2. 市场庞大　目前乡村旅游业已进入井喷时期,各地乡村旅游,农家乐年接待客人年增长幅度超过30%～50%。因此,这种大趋势势必会给家庭农场的收入年增加30%～50%,这是其他行业少有的,经济与社会越发展,市场就越大,且估计常年不减。

3. 农庄特色明显　近年一些城郊的农家乐,仅搭建几个草棚,毫无特色,生意都红火。而我们所办的家庭农场吃、喝、玩、乐均具特色,而且餐饮的菜肴原材料全部由农场自行全程有机生产,安全放心,营养新鲜,这样必然会吸引很多的游客。

4. 竞争小,易成功　目前人们的赚钱主要方式还停留在经商、办厂上,对农业极少关注,而通过野生动物养殖来发展野味特色餐饮、休闲、旅游业者更是少之又少,这种形式会比较容易成功。

5. 国家支持,税收减免　国家大力发展生态农场并且每年都有大量资金扶持，今年国家扶持农业资金高达 2 万亿元，许多家庭农场通过申报项目每年获得的资金达几百万至上千万元。建家庭农场还在土地、资金、水电等方面，享有其他行业所没有的众多优惠和免税政策，成本更低，效益更高。江西百事通招宝农庄开业仅几年时间，而获得的国家扶持资金达 2 600 多万元，可见国家扶持力度之大，资金之多，具有其他项目无可替代的优势。

下面讲一个农庄型家庭农场的简单例子：

晚霞映红天际，远山朦胧起来。2 月 20 日傍晚，湖北省大冶市陈贵镇万斗庄园炊烟袅袅。庄园主万军的妻子彭芳和员工陈胜给路边的桃树施完肥，在夜色中收工了。庄园内的农家乐餐馆灯火通明，餐厅内一些游客正在推杯换盏。

谈起丈夫万军的创业经历，彭芳话语中透露着苦涩。万军上初中时，父亲就去世了，是母亲拉扯长大的。大专毕业后，万军辞去厂里的工作，外出做布匹生意，收入可观。但在 20 世纪 90 年代末的一笔生意中，万军血本无归。

1999 年的一天，万军无意中参加了一个农业博览会。当时，他看到好多高档水果不但好看好吃，还价格可观。他心里默算了一下：在同样面积的土地上种水果的收益是种庄稼的 10 多倍。2000 年春，万军丢下手中的生意，毅然返乡。在附近余洪村的一个山坳里，流转了 13 多公顷土地，种上桃、梨、李子、石榴、樱桃等 8 大系列、100 多个品种的果树，并建起 4 栋鸡舍，开始散养土鸡。

然而，创业道路并非一帆风顺。那时，土鸡养殖还未被市场接受，鸡蛋相当难卖。无奈，万军只好在黄石、大冶的农贸市场吆喝送蛋。好产品好吆喝，果然奏效。土鸡蛋打进市场后，水果开始挂果，庄园也开始有了收入。2008 年，万军又筹资办起了农家乐，由妻子彭芳打理。全家 3 个劳动力各司其责，万军负责庄园全面工作，万妈妈负责庄园员工管理。

这些年，受到人力费用逐年增长、土地周转金上涨等方面影响，庄园的发展规模受到约束，但万军没有气馁，在管理上寻找新的突破。樱桃迟迟不结果，他请来技术专家会诊；樱桃产量低，他果断更新了其他果蔬；鸡病防治，他先是请来专门技术员，后经过勤学苦钻，自己做起了技术员。

春看花，夏摘果、喝鸡汤、吃农家饭。万斗庄园与小雷山风景旅游区遥遥相望，一举成为大冶雷山万斗庄园一日游的线路，不仅引来了游客，还带来了可观的收益。如今，万斗庄园年养殖土鸡近万只，各种时令果蔬 13.33 公顷，还经营农家乐。万军的妻子彭芳坦言：庄园的收入基本稳定，养鸡、餐饮各占 40%，种植水果 20%左右。

五、科技型家庭农场

科学技术是第一生产力，这句话适用于所有产业发展，农业当然不会例外。这些年政府都在出台很多的政策促使中国的农业向现代化和科技化的方向发展，通过培训和科技入户下乡，将科技运用到第一生产线上，使农业的产值和质量达到跟世界上的发达国家可以并肩的效果。

中央一号文件中，提出要科技兴农，促进农业的现代化发展。特别是在家庭农场的发展中，政府扶持创办科技型家庭农场。即以农业科技创新为重点，扶持作物经营面积 3.33 公顷以上，土地相对集中连片的经营者，投资参与一些高附加值的农产品和畜禽产业，同时，鼓励家庭农场与科研机构进行合作生产经营。

2013 年 3 月，旅顺口区第一个“科普与科技型家庭农场”——大连市旅顺口区日源家庭农场在旅顺三涧堡街道挂牌建立。家住旅顺口区三涧堡街道韩家村的农民夫妻牟正治、刘志杰在旅顺工商局注册了大连市旅顺日源家庭农场，成为大连首个拿到营业执照的家庭农场。区委副书记李军、市科协副主席刘国强为这个家庭农场揭牌。

农场既有果园子、玉米地 2.33 公顷，又有饲料场、兽药店、千头生猪饲养场和屠宰场，还有 1 000 多只鸡、鸭、鹅。家庭农场红红火火地办起来了，牟正治和刘志杰的心事也多了起来，多种经营的特色让农场多了致富门路，但要想让农场办得长远，按照过去的生产方法显然不行。

扩大科普惠农的覆盖面，农村出现什么产业，科普推广就跟踪服务。旅顺口区科协改变过去科普惠农服务站建在村和园区的做法，在全省率先建成了第一家家庭农场科普惠农服务站，建立了与市区联网的科普视频服务点，为科普惠农服务站提供科普挂图、图书、音像制品等科普资源，指导、督促科普与科技型家庭农场有效利用科普资源大力开展科普惠农工作，及时解决家庭农场科普推广运用的断档问题。

“冬季除了要做好猪舍的防寒保暖工作外，还要加强疫病防控。低温高湿环境易诱发各种疾病，胃肠道疾病多采用补液、止泻、防止脱水和酸中毒的方法对症处理，也可采用药用炭等收敛止泻，进行辅助治疗。”近日，大连市旅顺口区养猪“土专家”蒋秀娥在大连市旅顺日源家庭农场科普惠农服务站为农场成员和前来学习的 40 多名生猪饲养户传授冬季养猪技术。

为促进日源家庭农场快速发展，旅顺口区科协为农场提供了电脑、打印机和桌椅板凳、书柜以及各类科技书籍和宣传材料。旅顺口区科协还请来市、区相关专家帮助和指导日源家庭农场建设与发展，制订适合的科学发展规划，帮助其准确定位发展项目，避免盲目发展。通过区、街道科协等部门的积极配合协作，利用家庭农场这种新型农业经营组织，以点带面地辐射周边农户，较好地提升了农户的农业科学发展新型模式理念，初步体现出科普与科技型家庭农场的示范带头作用。

目前，旅顺口区科协已把建立科普与科技型家庭农场作为向农民推广农业新科技，推进农业发展的一项重要渠道，下发了在全区创建科普与科技家庭农场的方案，通过示范引领作用，在各个产业中推出更多的科普科技型家庭农场，带领更多的农民依靠科技发展生产，实现增收致富。

第三节 家庭农场类型发展趋势

2013 年 8 月，中央领导同志在新疆视察家庭农场后指出：今后家庭农场很可能是国营农场的主要形式。目前，大部分家庭农场是刚刚从承包大户过渡到家庭农场的，随着经济体制的改革，家庭农场会得到不断发展和完善。今后，它的发展趋势如何，这是人们普遍关心的问题，这里拟做一些粗浅分析。

从家庭农场的性质看，今后职工承包家庭农场是家庭农场的主要类型。因为这种经济组织形式适合农业生产特点和我国农场生产力的要求，是进一步搞活国营农场经济的有效措施。它是在国家计划指导下，通过合同所确立的承包经济，是适合我国国营农场特点的一种基层经济组织。与此同时，在国营农场，还可能出现少数其他性质的家庭农场，但这些都是有条件的，并且受到一些客观条件的制约，始终占主导地位的是承包家庭农场。

从家庭农场的经营内容和性质看，种植业家庭农场是最普遍的形式；但是，随着生产的发展，其他几种形式也会得到相应发展。这主要是：

第一，随着家庭农场专业化、社会化程度的提高，必然要求有一部分为其产前、产中、产后服务的专业农场出现，如家庭制种场、家庭种畜场，以及家庭供销站等。

第二，一部分能工巧匠为了发挥自己的优势，会脱离种植业，兴办家庭小工厂、小作坊等。

第三，随着生产力的提高，一部分家庭农场的土地规模的扩大受到现有耕地的限制，这就可能出现，一部分土地向会经营种植业的家庭农场集中，而另一些家庭农场从农业中分离出来，从事其他行业。

从家庭农场的规模看，今后家庭农场的规模会不断扩大，进行大生产，这种大生产主要是向集约经营发展，即在一定的土地面积上，不断投入物化劳动和活劳动，获得更多的商品产品，而土地的规模在近期内会保持在一定水平；当然，这并不意味着家庭农场的土地规模不会变化。土地规模的大小，主要受下列因素的影响，如现有耕地和荒地的数量、农业机械化水平、家庭农场成员的技术和管理水平、产品结构、地理位置、其他产业的开发所能容纳的劳动力等。在新疆家庭农场的调查过程中我们发现，由于缺水，各团场不仅有许多生荒地，而且还有相当数量的撂荒耕地，为了充分利用自然资源，这部分荒地和撂荒耕地会逐步得到开发和利用。已经出现的具有开发和半开发性质的家庭农场显示了很强的生命力，就是一个例证。其中，主要是一些半开发性质的家庭农场。这是因为，一面生产，一面开发，更便于满足家庭农场生产和生活以及扩大再生产的需要。

第四章　家庭农场审批管理流程

家庭农场中的“家庭”强调了其基本经营单位仍然是以户为单位，如果严格一点说，应该是夫妻二人、不常年雇工的情况下，通过租赁、承包或者经营自有土地的农业经营形式。“农场”当然隐含着规模化的意蕴。在平原地区，辅以发达的机械化程度和完善的农业社会化服务体系，一个家庭完全可以承受 6.67～20 公顷的粮食作物经营规模和劳动强度。农业的产业特征决定了它适宜于以家庭为基本的经营和劳作单位，这种形式最具活力和效率，最能激发农民的创造性，也最能保护耕者的积极性。

中国古时便有“耕者有其田”的传统，历代统治者总会在业权和佃权之间摇摆不定。过于倾向后者，会使整个产权结构发生紊乱，使富者心生恐惧，进而引发“移民潮”；但过于倾向前者，保护物权，对于人口结构已经发生变动进而人地关系发生变动、农村租佃结构发生变动的事实视而不见不做回应，在那种低水平经济状态下，不仅粮食安全不保，还可能引发流民造反。

保护耕者权利，更是发展现代农业的一条经验。国民党到台湾后，保护经营权，准确地说是小农耕作权，1950 年，对企业法人包地高度警惕。日本从 20 世纪 50～70 年代也是保护经营权 20 多年，后来几次修改《农地法》的目的是为了促进土地规模集中。总之，都是从效率角度考虑的。日本、韩国以及中国台湾地区在过去半个世纪以来致力于保护和鼓励“自立经营农户”的巨大努力，反映的是一个社会经济体进入到现代化深水区后，对农业这种幼稚产业采取怎样的政策姿态的问题。

近年来，一些地区借发展农业、推动土地流转和农业产业化经营之名，强制推动土地的规模化集中，甚至突破农地用途管制，攫取土地增值收益，侵害农民个人和农村集体权益。为避免这些现象的发生，农地用途管制是一个必要条件和基本原则。当前，一些土地流转活跃的农村中，实质上出现了一种“三权分立”的经济结构：所有权属于农民集体，承包权属于作为地主的小农，经营权则通过流转转移到作为佃户的小农或作为佃户的公司手中。如果承包权流转到乐于从事农业的农户手里，这个经营权是弱势的；如果流转到公司手里（所谓“资本下乡”），这个经营权就是强势的。如果这个公司与其他势力结合（资本与权力联合），那就很可能无法、无天、无敌了。因此，在家庭农场、合作组织、资本农业三者中，最值得鼓励的应当是家庭农场，让那些真正的耕者享受规模经营的市场利润和相应的政策支持。30 年前的农村改革，开启了所有权与承包权的分离。今天的土地流转，则标志着承包权与经营权的进一步分离。随着农村老龄化和劳动力转移的加剧，政策和法律的制定应该更加注重对耕者经营权的保护。

为贯彻落实中央一号文件精神，支持、促进和引导家庭农场健康发展，规范全国家庭农场登记工作，各个省份都根据其自身的特点和法律政策制定了家庭农场登记的相关法律、法规，由于现在国家还没有制定统一的法律规范，本文将以山东省的《家庭农场登记试行办法》为例，为大家简单罗列一下审批管理的流程。

第一节　巩固发展家庭农场的基本原则

进一步巩固家庭农场发展必须坚持以下 5 个基本原则。

1. 农民自愿、有偿原则　家庭农场经营必须依法规范土地流转，充分尊重原承包农户的土地流转主体地位；必须向原承包农户或拥有土地流转权的集体经济组织缴纳土地流转费（土地租金）；本集体经济组织成员拥有土地流转后优先承包经营权。

2. 经营者自耕原则　家庭农场经营者必须主要依靠自身力

量从事农业生产经营活动；不得将所经营的土地再转包、转租给任何无直接亲属关系的第三方经营者；除季节性、临时性聘用短期劳动者外，不得常年雇佣外来劳动力从事家庭农场的生产经营活动。

3. 适度规模经营原则　家庭农场经营土地规模，要与经营者的劳动生产能力相适应，既不能超出经营者现有生产能力而盲目扩张，也不能放空生产能力而人为缩小。现阶段家庭农场的土地规模控制为5.3～10公顷，随着农业生产力水平提高，可逐步扩大土地规模，不断提高劳动生产率。

4. 土地流转费(土地租金)合理适度原则　土地流转费事关流转双方的切身利益和家庭农场的稳定发展，必须兼顾公平与合理。要根据本镇、村的实际情况，确定合理的土地流转费标准。土地流转费一般采取实物(主要是稻谷)支付，或以当年稻谷挂牌价格为标准，折算为现金支付。

5. 经营者择优原则　家庭农场经营者必须有一定的准入条件，包括身体素质、敬业精神、农业知识、农机操作等方面。要在农户自愿申请的基础上择优选用。对条件完全符合的农户，可签订较长时间的协议；对条件不完全符合的农户，可在培训提高的基础上，签订短期的协议。

第二节　申请家庭农场应符合的条件

不是任何人都可以经营家庭农场的，作为家庭农场的经营者应该具备一定的条件，只有符合了申请的条件才可以通过注册的程序，成为合法的家庭农场的经营者。

以家庭或家庭成员为主要投资、经营者，通过经营自有或租赁他人承包的土地、林地、山地、水域等，从事适度规模化、集约化、商品化农、林、牧、渔业生产经营的，可以依法登记为家庭农场。

依法申请登记的家庭农场应符合以下条件。

第一，家庭农场经营者应具有农村户籍，但由于现在的政策没有统一，一些地方也可以允许城镇户口的人作为家庭农场的经营者。

第二，以家庭成员为主要劳动力，常年有 2 人以上（含 2 人）固定在农场从事生产劳动。

第三，家庭农场以农业收入为主要经济来源；同时，家庭农场主年龄应在 18 周岁以上，具有完全民事行为能力，可以独立进行民事活动，法律、行政法规禁止从事营利性活动的人除外。

第四，有专业生产经营项目，专业生产率占 90％以上。从事畜禽养殖的必须符合农业部《动物防疫条件审查办法》中畜禽养殖场动物防疫条件，并取得《动物防疫条件合格证》，建有粪污无害化处理设施。从事水产养殖的家庭农场须取得《水域滩涂养殖使用证》。

第五，经营规模相对稳定，土地相对集中连片，注重推广应用新品种、新技术，品牌意识和产品市场竞争力较强。土地租期或承包期应在 5 年以上，土地经营规模达到当地农业部门规定的种植、养殖要求。

第六，农场用地除自有承包经营土地外，其他为流转土地。申请家庭农场应当取得合法有效的农村土地承包经营权证或土地流转经营权证（合同）。

第七，有相关财务账簿和生产经营相关制度；有与生产经营相适应的生产设施，具备基本的办公设备。

第八，有基本的配套设施、生产基础，具备防灾抗灾能力。从事粮食、黄烟生产经营的家庭农场，机械化生产率达到 90％以上。

第九，管理方式先进，土地产出率、经济效益高，全年本业收入占家庭年总收入达到 90％以上，家庭农场从业人员年人均纯收入达到本镇街区农民人均纯收入的 2 倍以上，对周边农户具有明显示范带动效应。

第十,家庭农场经营的土地流转合同年限不得低于 10 年,且从事经营 2 年以上。

第三节 登记及组织形式选择

1. 家庭农场登记的类型 家庭农场的类型可以登记为个体工商户、个人独资企业。另外,符合法律法规规定条件的,也可以申请登记为合伙企业、公司等其他组织形式。

2. 家庭农场专业合作社 当家庭农场办理工商登记后,可以成为农民专业合作社的单位成员或公司的股东。农村家庭成员超过 5 人,可以以自然人身份登记“家庭农场专业合作社”。

3. 家庭农场转型升级 若家庭农场转型升级采取公司等组织形式登记的,可以保留原字号和行业用语,原经营项目中有法律、法规规定需经许可经营的,经发证机关确认可继续经营。

当然,作为登记机关,应该加强对申请家庭农场业户相关法律、法规的宣传指导,以便于家庭农场选择利于经营、便民惠民的组织形式。

第四节 登记机构选择

家庭农场应该由其经营场所(或住所)所在县、不设区的市工商行政管理局以及市辖区工商行政管理分局负责登记,法律、法规另有规定的除外。

另外,登记机关可以委托符合条件的工商所,以登记机关名义办理家庭农场登记。委托权限、主体类型等应报市工商行政管理局备案。

第五节　名称场所选择

1. *家庭农场名称*　由行政区划、字号、家庭农场依次组成。家庭农场可以与农民专业合作社、公司等其他组织形式联用，但其申请行业和组织形式表述应符合所依据法律法规的规定。支持家庭农场以经营者姓名、商标作为字号，或以字号申请商标注册。

具体名称类别分为：有限公司名称由区划＋字号＋家庭农场＋有限公司组成；个体工商户和其他类型的企业名称由区划＋字号＋家庭农场组成。

2. *家庭农场的经营场所*　家庭农场的经营场所（住所）可以是经营者所在地家庭住址，也可以为主要生产经营场所（种植地址、养殖地址）。凭村民委（社区）出具的产权证明直接办理企业和个体工商户经营场所登记手续（租赁场所的需提交租赁协议）。

第六节　农场类型选择

家庭农场根据规模大小分为小型家庭农场、中型家庭农场和大型家庭农场，认定的家庭农场必须达到相应标准。

家庭农场可以在从事农、林、牧、渔、种植、养殖业的基础上，兼营相关研发、加工、销售或服务。

家庭农场申请一般经营项目的，经营范围可以核定为家庭农场经营，也可依申请按具体项目核定，涉及前置许可的，要先办理有关许可手续后，再开展经营活动。

家庭农场的经营范围核定，不涉及登记前置许可的经营项目，申请人可以申请农业（种养殖业）产品相关的生产、销售、加工以及生产经营所需的农业生产资料、销售同类生产经营者的产品、农产品运输储藏、引进新技术新品种以及农业生产经营有关的技术培训、交流和信息咨询服务等。

第七节　出资方式选择

家庭农场申请人可以以货币、实物、土地承包经营权、知识产权、股权、技术等多种形式、方式出资。

家庭农场按个体工商户、个人独资企业、合伙企业及农民专业合作社举办的，其出资采用自行申报制。有限公司除法律、行政法规和依法设立的行政许可另有规定的外，一律降低到 3 万元人民币。允许有限公司注册资本“零首付”注册登记，凡注册资本在 100 万元以下的内资有限责任公司(除一人有限责任公司)可以申请免缴首期注册资本，但股东须在公司成立之日起 3 个月内缴付不低于 20%的注册资本，且不低于法定注册资本最低限额，余额自公司成立之日起 2 年内缴清。鼓励投资人以实物、土地使用权、股权、债权、知识产权等各种出资形式投资农场企业，非货币财产出资比例最高可达企业注册资本的 70%，盘活各类现有资源，突破融资瓶颈。

其他组织形式举办的，应符合其登记所依据的法律、法规。

第八节　必要提交材料

申请家庭农场设立登记应当提交下列登记材料。

①设立登记申请书。

②申请人身份证明。

③生产经营场所使用证明。

④《农村土地承包经营权证》、《林权证》、《农村土地承包经营权流转合同》等经营土地、林地的证明。

⑤申请登记的经营范围中有法律、行政法规和国务院决定规

定必须在登记前报经批准的项目，提交有关的批准文件或者许可证书复印件或许可证明；在未取得批准前，可先行办理筹建登记。

⑥委托代理人办理的，还应当提交经营者签署的《委托代理人证明》及委托代理人身份证复印件。

⑦以合伙企业、农民专业合作社、公司等形式登记的家庭农场设立登记按国家工商总局提交材料规范执行。

第九节　申报程序

①申请办理家庭农场登记的，须先到工商部门登记窗口办理名称预先核准，凭“名称预先核准通知书”到有关部门取得资格认定。

②申报单位对照家庭农场申报条件，填报《家庭农场申请表》，随报有关证明材料，向所在镇街区提出申请，镇街区对农场所报材料进行审核、筛选，以镇街区为单位向主管部门报送审核材料（粮油、露天瓜菜、设施农业、果树、黄烟等产业到农业局申报；苗木花卉到林业局申报；养殖业到畜牧局申报；水产养殖到水利局申报；种养结合的到农业局申报，由农业局会同畜牧局认定）。

③主管部门根据镇街区申报材料进行汇总，提出初审意见，会同相关部门进行实地考察、审查、综合评价，提出认定意见报市委农工办，由市委农工办发文公布，颁发“家庭农场”资格证。

④获得市级主管部门资格认定的家庭农场，按照自愿的原则，可到市或以上工商部门办理工商登记，获得法人资格。工商部门要适当放宽家庭农场注册登记条件，实行免费注册登记。

⑤符合标准的家庭农场，提交相关的申报材料。

第十节　其他注意事项

①家庭农场法定登记事项发生变化的，应当依据相应的法律、

法规规定，申请办理变更登记。

②家庭农场不再从事经营活动的，应当到登记机关依法办理注销登记。

③登记机关对登记的家庭农场依法进行监督管理。登记机关应加强行政指导，督促家庭农场规范经营，对其违法行为应当依据相应的法律、法规规定进行处理。

④家庭农场营业执照副本的有效期应按土地承包经营或流转期限核定。

⑤家庭农场注册登记免收注册登记费、验照年检费和工本费。

⑥家庭农场党员应积极参加党的活动，符合条件的要依据中国共产党章程的规定，建立中国共产党的组织，开展党的活动。

⑦从事家庭农场经营者，应当在取得营业执照后30日内，向登记地农业等部门备案。

⑧认定批准的家庭农场，实行动态管理，2年审定1次。

家庭农场经营者经营期满后，符合下列条件之一的，在新一轮家庭农场经营者选用时，可优先获得延续经营权：一是在上一轮经营期内，每年都参加专业农民培训并获得培训证书，拥有农机驾驶证的家庭农场经营者。二是在上一轮经营期内，经营管理好，生产水平高，每年综合考核取得合格及以上水平的家庭农场经营者。三是在上一轮承包期内，积极探索并开展“种养结合”和“机农结合”的家庭农场经营者。

另外，县行政审批服务中心工商局、农经局窗口和各工商所、镇（街道）农业服务机构要开通家庭农场注册登记绿色通道，落实专人，为家庭农场登记提供相关政策、法规及信息咨询，协调解决家庭农场登记中遇到的问题，工商部门对申请登记材料齐全的实行当场办理，为家庭农场发展提供便捷高效的服务。

第十一节 资格予以撤销情况

对出现以下情形之一的家庭农场，其资格予以撤销，并由工商部门注销家庭农场法人资格。

①家庭农场经营者不直接参加农业生产和管理，常年雇佣其他劳动者。

②家庭农场在申报和复审过程中提供虚假材料或存在舞弊行为的，一经查实，取消家庭农场资格，2 年内不得再申报。

③家庭农场因经营不良，资不抵债破产或被兼并的，取消家庭农场资格。

④家庭农场经营中违反国家产业政策，存在违法违纪行为的，取消家庭农场资格，2 年内不得再申报。

⑤家庭农场发生重大生产安全事故和重大质量安全事故的，取消家庭农场资格，2 年内不得再申报。

⑥家庭农场不按规定要求按时提供年审材料，拒绝参加年审的，自动取消家庭农场资格。

第五章 家庭农场经营管理

第一节 养殖型家庭农场经营管理

养殖型的家庭农场不同于以往我们所熟知的农户养殖，养殖型的家庭农场对养殖环境、产品销售对象、养殖人员从业素质和养殖中农业技术的投入都要求很高。随着2013年中央一号文件的提出，各个地方都按照本地的实际情况对从事养殖型家庭农场的农户提供一系列的补助和支持政策投入，这些都在一定程度上促进了全国家庭农场的发展。在这里，我们以广西壮族自治区为例，简单了解一下养殖型家庭农场的发展。

广西位于中国大陆沿海地区的西南端，面向东南亚，背靠大西南，处于我国东南沿海地区和大西南地区的交汇地带，是我国西南最便捷的出海通道。蕴藏着极为丰富的物产资源，战略地位十分重要。党中央和国务院对大西南的开放和开发是十分重视的。1992年5月，中央决定“要充分发挥广西作为西地区出海通道的作用”，从而奠定了广西在全国全方位开放以及大西南联合开放开发中的战略地位的作用。

广西既是华南通向西南的枢纽，又是沿海、沿江、沿边的省份；既有适应亚热带植物生长的气候条件，又有丰富的矿产资源；既有方便的水、陆、空交通，又有联接世界各地的通讯网络；既是少数民族地区，又是全国重要侨乡；既有发展迅猛的高科技，又有廉价的劳动力独具的区位优势，使广西成为全国唯一的具有沿海、沿江、沿边优势的少数民族自治区。

一、农业概况

(一)气候概况

广西地处低纬度地区,南濒热带海洋,北为南岭山地,西延云贵高原,境内河流纵横,地理环境比较复杂。在太阳辐射、大气环流和下垫面综合作用下,气候类型有以下特点。

1. 气候类型多样,夏长冬短　从气候区划而论,广西北半部属中亚热带气候,南半部属南亚热带气候;从地形状况来看,桂北、桂西具有山地气候一般特征,“立体气候”较为明显,小气候生态环境多样化;而桂南又具有温暖湿润的海洋气候特色。广西冬短夏长,年平均温度在16℃~23℃,以均温来衡量,北部夏季长达4~5个月,冬季仅2个月左右;南部从5月份到10月均为夏季,冬季不到2个月,沿海地区几乎没有冬季。这样的气候更有利于特色农业的发展,类型多样的气候能满足养殖业发展的多样性。

2. 雨、热资源丰富,且雨热同季　广西是全国降水量比较多的地区之一,大部分地区年降水量为1 200~2 000毫米,时空分布差异大。3个多雨中心分别位于东兴、昭平和永福附近。各中心附近的年平均降水量都在1 900毫米以上,其中东兴高达2 822.7毫米。以百色为中心的右江河谷及其上游的隆林、西林和以宁明为中心的明江、左江河谷至邕宁一带,为少雨地带,年平均降水量在1 200毫米以下。其余地区在1 200~1 900毫米。太阳总辐射量达90~100千卡/厘米^2·年,日均温≥10℃积温在5 000℃~8 300℃,持续日数为240~358天,降雨量和热量资源分布大体上是由北向南增多。在4~9月间降雨量占年降雨量的75%,雨季恰好与热季重叠。雨热同季,较有利于农业生产,也很有利于水产养殖业的发展。

3. 气候多变,灾害性天气出现频繁　广西常因季风进退失常造成降雨和气温变率大,旱、涝灾害和“两寒”(倒春寒和寒露风)及台风、冰雹等灾害性天气出现频率大。桂西地区多春旱，出现频率达60%～90%，桂东地区多秋旱，出现频率为50%～70%；雨季大、暴雨过于集中，年年发生洪涝灾害，尤其以桂南沿海和融江流域出现频率大。而春、秋雨季内受北方较强冷空气南下的影响，几乎每年春季出现倒春寒和秋季出现寒露风天气，危害农业生产。每年4～7月间，出现大风天气，且影响范围和程度均较大。此外，桂西地区年年降雹，不利于冬季农作物和果木生产。

综上所述，广西气候有优越的条件，也有不利的因素。因此，在发展家庭农场过程中，应从当地的气候条件出发，因地因气候制宜，趋利避害，合理开发利用气候资源，是实施经济建设，特别是发展“三高”农业必须重视的重要环节。广西气候资源丰富，生态环境多样，在合理调整产业结构、不放松粮食生产的前提下，宜积极发展多种经营，以创造更高的大农业经济效益。

(二)土地资源概况

1. 类型和特征　广西在区域上属云贵高原向东南沿海丘陵过渡地带，形成了复杂多样的地貌类型，主要有以下几种：

(1)山地　山地是广西主要的土地资源类型。1995年末统计，海拔在400米以上的中低山山地面积为932.5万公顷，占广西土地面积的39.4%(其中，海拔800米以上的中山山地占23.5%；400～800米的低山占15.9%)。广西山地以山高、坡陡(坡度30°～40°)、切割深、光照少为特征，主要分布于广西东北和西部；在土地利用上，以林、牧业为主，是广西水源涵养林、用材林基地和牧草地，进一步开发利用潜力大。

(2)丘陵地　丘陵地海拔为200～400米，面积为684万公顷，约占广西土地总面积的28.9%，是仅次于中低山以外的主要山地资源类型。其主要分布于中低山地边缘及主干河流两侧；以桂东南、桂南、桂中一带较为集中。这类土地与中低山地相比，有坡度缓(坡度5°～25°)、土层厚、谷地宽、光照条件好、人类活动频繁等特点；在利用上多宜性较突出，各种土地利用类型均有，尤以林地、旱坡草地为主，土地利用上有较大潜力。目前制约因素主要是缺水，土壤较贫瘠，生态脆弱，如利用不当，容易造成水土流失，不易恢复。

(3)石山　广西是我国主要的岩溶发育区，石山分布面积为435.4万公顷，约占全区土地总面积的18.4%，是广西比较特殊的土地资源类型。主要分布于桂西、桂中、桂西南、桂东北及桂西北局部地区。石山山地以山高、坡陡、植被少、土层稀薄、蓄水性差为显著特征，素有“九石一土”之说，是人类生活自然条件较恶劣的地区，目前广西606万贫困人口，136万特困人口中的大部分就分布在这一类山地中。在土地利用上，以灌杂木和旱地为主，旱、涝频繁，土地开发利用难度大。

(4)台地　台地海拔在200米以下，面积为149.1万公顷，约占全区土地总面积的6.3%。主要分布于桂南、桂中、桂西南、桂东南一带。该类土地一般地面平坦、起伏和缓、土层深厚、光照充足，是人类劳动、生活的主要区域，条件仅次于平原土地类型；在土地利用上以农业为主，是广西旱作农业、经济作物、果木林的主要种植区。但由于其地势相对平原较高，往往因水源缺乏致使土地利用不够充分。宜农荒地主要分布在这一地域内，有很大的开发潜力。

(5)平原　广西平原面积为553.8万公顷，占全区土地总面积的23.4%。主要有沿海、沿江的河流冲积平原及岩溶区的溶蚀平原、中低山区的山前冲积平原等。平原面积比较狭小，最大的浔江平原仅6.29万公顷。平原主要分布于桂南沿海、桂东南、桂中及左江河谷。平原地势平坦、土层深厚、自然肥力高、水源充足、光照条件好，十分有利于发展农业，是目前广西最主要的粮食作物和经济作物生产基地，也是工矿居民、城镇聚集区。

(6)水域　广西水域面积为47.3万公顷，约占全区总面积的

2%，以河流、水库、湖泊、塘、泉为主。其中，集雨面积在 5 000 公顷以上的河流有 937 条，有大中小水库 4 439 座，塘坝 7.4 万座，是广西渔业养殖、农业灌溉、水力发电、水上交通的主要区域，经济效益较为显著。

2. 养殖土地资源利用现状

(1)草地　广西草山、草坡多，面积广，在南方各省(自治区)中排在四川、云南之后，列第三位。全区共有各类草地面积 869.9 万公顷，占全区土地总面积的 36.8%，其中可利用面积 650.1 万公顷，占土地总面积的 27.5%，主要分布于桂西北、桂北、桂西南中低山地及丘陵区中，台地及平原相对较少。除桂西北人口稀少、交通闭塞的山区仍保留有连片、大面积的草地外，多为零星分散，呈农地、林地和牧地交错分布状况。全区 10 公顷以上的连片草地有 27 481处，其中 666.67 公顷以上连片草地仅 897 处，面积为 191.8 万公顷，占全区草地面积的 22%。从数量上看不少，但各片几乎都是天然草地，草的质量较差，载畜量低，主要分布于隆林、西林、田林、那坡、环江、南丹、罗城、富川、钟山、龙胜等县，开发利用潜力大。

(2)水域　广西全区水域面积为 47.3 万公顷，其中可养殖面积 16 万公顷。目前淡水水域已养殖面积为 12.7 万公顷，主要以山塘水库为主，但单产较低，如淡水养鱼每公顷产量为 450～525 千克，水库养鱼每公顷不足 112.5 千克，可见广西水面发展养殖潜力较大。

(三)水资源概况

1. 水资源总量　广西为全国水资源丰富的地区。水资源主要来源于河川径流和入境河流，河川径流包含地表水和地下水排泄量，河川径流与地下水补给量之间存在相互转化的关系。广西多年平均水资源总量为 1 880 亿米^3，占全国水资源总量的

7.12%,居全国第五位。入境水量为716.7米^3。1996年广西人均水资源量为4 138米^3,每公顷为7.2米^3,水资源开发利用程度河川径流为23%,地下水为9.2%。

2. 水资源的分布　广西全区流域集雨面积在5 000公顷以上的河流共计937条,总面积约为2.364亿公顷,其中集雨面积在10万公顷以上的河流有69条。主要河流分属珠江流域西江水系,长江流域洞庭湖水系,桂南直流入海域与百都河红河水系。

(四)养殖资源概况

广西浅海滩涂广阔,水质肥沃,生物品种繁多。在10万公顷的滩涂面积中,可养殖面积达6.67万公顷,占滩涂总面积的66.3%,其中近期可利用养殖的滩涂面积有2.67万公顷,分别占滩涂总面积和可养殖面积的26.5%和40%;20米水深以内的浅海面积有65万公顷,可养殖面积达26万公顷,占浅海面积的40%。滩涂养殖具有较高经济价值的品种有文蛤、泥蚶和毛蚶、牡蛎、贻贝、瓜螺等贝类和方格星虫、沙蚕、窄蛏(竹蛏)、海胆、三尤梭子蟹、锯缘青蟹、对虾等。从滩涂生态环境看,以南流江口以东的沙滩和沙泥滩,滩涂平坦,淡水较少,盐度较高,适宜星虫、文蛤、窄蛏、毛蚶生产繁殖;南流江口以西的泥滩和沙滩海岸弯曲,河流注入多,海水盐度较低,水质肥沃,适宜星虫、文蛤、泥蚶、沙蚕、牡蛎等生长繁殖。从潮间带分布看,高潮带以甲壳类为主,蟹类最多;中潮带以下以虾类为主。浅海养殖主要有珍贵鱼种、珠贝类、虾类、蟹类、藻类等。

主要的养殖资源有:

1. 珍珠　广西沿海所产的珍珠驰名中外,在世界上被称为"南珠",是一个宝贵的养殖品种。珍珠由马氏珍珠贝所产,广西沿海分布面积达数万公顷,主要产于合浦营盘和防城珍珠港两地,可养殖面积为0.47万公顷,其中可供近期开发的最佳面积有466.67公顷。

2. 牡蛎 分布于广西沿海天然牡蛎资源面积达20多万公顷,可供近期开发利用的面积为3.33万公顷,其中可供开发最佳面积有0.67万公顷,主要分布于茅尾海至大风江口一带海域上。

3. 对虾 对虾在广西沿海均可养殖,但主要以铁山港至营盘、北海大冠沙、光坡至防城港、江平至北仑河口岸段为主。

4. 青蟹 青蟹在广西沿海到处均有分布,但主要以茅岭江、钦江、金鼓江、鹿耳环江、大灶江、大风江、江平、山口、石头埠等岸段为主。

5. 文蛤 文蛤在广西沿海均有分布,主要分布区域在大风江口两岸。

6. 泥蚶 泥蚶在广西沿海均有分布,主要产于犀牛脚平山一带、光坡薄寮尾、暗埠江口、西场官井、水儿等海域。

7. 毛蚶 毛蚶主产于沙田、西场、沙岗、党江、犀牛脚一带海域,天然资源面积约1.33万公顷。

8. 日月贝 日月贝主要分布在白虎头东南海域。

9. 江蓠 江蓠以大番坡至南流江口和石头埠至营盘一带海域为主。

10. 鱼类 以珍珠港、龙门、石头埠及涠洲岸段为主,可开发名贵鱼类和海参养殖。

广西海岸线东起与广东接壤的英罗港,西至中越边界的北仑河口,海岸线总长1 595千米,直线距离为185千米,海岸线的曲直比高达8.6∶1;有大小岛屿624个,面积为4 581公顷,岛岸线长354.46千米;浅海滩涂面积为75万公顷。其中,20米水深以内的浅海面积64.88万公顷,滩涂面积10.05万公顷。

广西沿海滩涂生物资源丰富,共有47科、140多种,以贝类为主。其中,牡蛎资源量有4 000吨,文蛤资源量有8 500吨,毛蚶资源量有22 000吨,方格星虫资源量有4 000吨,锯缘青蟹资源量有140吨,江蓠资源量有190吨。这些都为滩涂养殖提供了良好的天然条件。

二、政策现状

(一)国家相关政策

国家将加大对专业大户、家庭农场和农民合作社等新型农业经营主体的支持力度,实行新增补贴向专业大户、家庭农场和农民合作社倾斜政策。鼓励和支持承包土地向专业大户、家庭农场、农民合作社流转,发展多种形式的适度规模经营。鼓励有条件的地方建立家庭农场登记制度,明确认定标准、登记办法、扶持政策。探索开展家庭农场统计和家庭农场经营者培训工作。推动相关部门采取奖励补助等多种办法,扶持家庭农场健康发展。

2012 年中央财政安排奖励资金 35 亿元,专项用于发展生猪生产,具体包括规模化生猪养殖户(场)猪舍改造、良种引进、粪污处理的支出,生猪养殖大户购买公猪、母猪、仔猪和饲料等的贷款贴息和保险保费补助支出,生猪流通和加工方面的贷款贴息支出,生猪防疫服务费用支出等。奖励资金按照引导生产、多调多奖、直拨到县、专项使用的原则,依据生猪调出量、出栏量和存栏量权重分别为 50%、25%、25%进行测算。2013 年中央财政继续实施生猪调出大县奖励。

为推动家畜品种改良,提高家畜生产水平,带动养殖户增收,从 2005 年开始,国家实施畜牧良种补贴政策,2012 年畜牧良种补贴资金 12 亿元,主要用于对项目省养殖场(户)购买优质种猪(牛)精液或者种公羊、牦牛种公牛给予价格补贴。生猪良种补贴标准为每头能繁母猪 40 元;奶牛良种补贴标准为荷斯坦牛、娟姗牛、奶水牛每头能繁母牛 30 元,其他品种每头能繁母牛 20 元;肉牛良种补贴标准为每头能繁母牛 10 元;羊良种补贴标准为每只种公羊 800 元;牦牛种公牛补贴标准为每头种公牛 2 000 元。2013 年国家继续实施畜牧良种补贴政策。

发展畜禽标准化规模养殖，是加快畜牧业生产方式转变、建设现代畜牧业的重要手段。从 2007 年开始，中央财政每年安排 25 亿元在全国范围内支持生猪标准化规模养殖场（小区）建设；2008 年中央财政安排 2 亿元资金支持奶牛标准化规模养殖小区（场）建设，2009 年开始中央资金增加到 5 亿元；2012 年中央财政新增 1 亿元支持内蒙古、四川、西藏、甘肃、青海、宁夏、新疆以及新疆生产建设兵团肉牛肉羊标准化规模养殖场（小区）开展改扩建。支持资金主要用于养殖场（小区）水电路改造、粪污处理、防疫、挤奶、质量检测等配套设施建设等。2013 年国家继续支持畜禽标准化规模养殖。

再者，我国动物防疫补助政策主要包括：重大动物疫病强制免疫补助政策，国家对高致病性禽流感、口蹄疫、高致病性猪蓝耳病、猪瘟、小反刍兽疫（限西藏、新疆和新疆生产建设兵团）等重大动物疫病实行强制免疫政策；强制免疫疫苗由省级畜牧兽医主管部门会同省级财政部门进行政府招标采购，兽医部门逐级免费发放给养殖场（户）；疫苗经费由中央财政和地方财政共同按比例分担，养殖场（户）无须支付强制免疫疫苗费用。畜禽疫病扑杀补助政策，国家对高致病性禽流感、口蹄疫、高致病性猪蓝耳病、小反刍兽疫发病动物及同群动物和布氏杆菌病、结核病阳性奶牛实施强制扑杀；对因重大动物疫病扑杀畜禽给养殖者造成的损失予以补助，补助经费由中央财政和地方财政共同承担。基层动物防疫工作补助政策，补助经费用于对村级防疫员承担的为畜禽实施强制免疫等基层动物防疫工作经费的劳务补助，2012 年中央财政投入 7.8 亿元补助经费。养殖环节病死猪无害化处理补助政策，国家对年出栏生猪 50 头以上，对养殖环节病死猪进行无害化处理的生猪规模化养殖场（小区），给予每头 80 元的无害化处理费用补助，补助经费由中央和地方财政共同承担。2013 年，中央财政继续实施动物防疫补助政策。

为支持菜篮子产品生产，2012 年中央财政安排 8 亿元补助资金，支持 2 067 个畜禽养殖场进行标准化改造，其中生猪养殖场 576 个，蛋鸡养殖场 477 个，肉鸡养殖场 227 个，肉牛养殖场 347 个，肉羊养殖场 440 个。

2013 年，在尊重农民意愿和需求的前提下，优先在丘陵山区、老少边穷和集中供气无法覆盖的地区，因地制宜发展户用沼气，进一步强化服务网点建设，提高服务能力。在农户集中居住、新农村建设等地区，建设村级沼气集中供气站。大中型沼气工程要打破沼气工程与养殖场（养殖小区）、发酵原料与畜禽粪便的两个捆绑，加大规模化沼气生产厂的建设力度，鼓励和引导社会力量参与建设和运营。

（二）广西政策实施现状

为支持全区家庭农场发展壮大，规范工商登记程序，广西壮族自治区工商局出台了《关于支持家庭农场发展的意见》，意见明确了家庭农场的定义、企业类型和登记程序，提出了工商部门的帮扶措施。

广西壮族自治区工商局出台的《关于支持家庭农场发展的意见》提出了工商部门的帮扶措施，一是注册登记实行“三放宽”。放宽名称登记条件。具备一定土地经营规模的家庭农场申请市场主体资格登记，名称中可以标注“家庭农场”字样。放宽场地证明。家庭农场可以将所在地村民委员会出具的、证明其拥有合法使用权的场所登记为其住所。放宽经营范围。二是开辟绿色通道，缩短办理时限。各级登记窗口建立家庭农场登记绿色通道，对家庭农场的申请全程指导，优先办理。三是实行“结对帮扶”制度。各级工商部门建立“结对帮扶”制度，结合党的群众路线教育实践活动，深入家庭农场了解情况，积极帮助家庭农场主解决生产和经营中遇到的实际问题，开展“红盾护农”、“合同助农”、“商标富农”、“维权帮农”、“经纪活农”等活动，倡导绿色生产、守法经营、创品牌、重信用，为家庭农场发展壮大出谋划策。

2013 年 4 月，广西首批 102 户家庭农场营业执照颁发仪式在贵港市举行。至此，广西工商部门采取的先行先试措施，大力支持培育和发展家庭农场工作拉开了序幕。截至 4 月 15 日，全区工商系统共核发家庭农场营业执照 154 家。家庭农场实现从无到有零的突破。

自治区工商局要求各级工商部门充分发挥职能作用，采取有效措施，大力支持培育和发展家庭农场，从放宽名称登记条件、放宽住所登记条件、放宽经营范围和方式等方面，积极探索扶持"家庭农场"的开办。

贵港市工商局把发展家庭农场作为 2014 年服务新农村建设工作的重点，开展扶持发展家庭农场专题培训，鼓励达到一定规模的种养主，在工商部门注册成立家庭农场，支持其办理个体工商户、个人独资企业、有限公司营业执照。属于九类人群的，引导其办理微型企业。倡导家庭农场进行标准化生产、开展农产品加工和品牌销售、发展休闲农业，全方位提升经营效益。

各级工商局开辟"直通车"通道，对开办家庭农场提供"一站式"服务；引导家庭农场集约化、产业化、标准化、品牌化经营；加强与农业、林业、畜牧水产、金融、财政、国土等部门的合作，通过与相关部门的协调沟通，形成社会各界共同支持家庭农场发展的良好局面。截至 4 月 16 日，贵港市家庭农场共有 149 户。按经营范围分：种植类 42 户、养殖类 46 户、种养殖类 61 户；按企业类型分：个体工商户 110 户、个人独资企业 39 户。

总体来说，整个政策的环境都很有利于家庭农场的发展，农户可以根据自身的现状选择性的从事相应形式的家庭农场，利用国家政策的优势，发展多种形式的农业经济，提高农业从业者的收入水平。

三、家庭农场发展现状

在广西壮族自治区,“家庭农场”的发展很有典型。

地处宁明县的广西国有派阳山林场林区的连片八角林,数以666.67公顷计。这10来年,八角行情起起落落,承包经营的职工有的失去信心,开始砍八角林改种速丰桉。林场领导班子看着心痛,研究出“养鸡保老林”的好办法:成立林下产业开发公司,引进优良鸡种育苗分发给职工在八角林放养。没想到“家鸡进林变凤凰”,这些鸡自由觅食八角籽和昆虫、杂草,不用防疫也百病不生,只只生猛如野鸡,肉质特别鲜美,被称为“八角鸡”,卖价相当于普通鸡3倍之多。养鸡人大都是夫妻搭档,每批养殖数千羽不等。派阳山林场养“八角鸡”的职工现有30户,2012年出栏10多万羽。

地处兴业县的广西国有六万林场也以“家庭鸡场”的模式大养“八角鸡”。在各种各样的树林中大养其鸡,是广西各地发展林下经济最常见的现象,一个家庭两三个劳动力,每批养几千至几万羽,1年赚10多万元很平常。

浦北县官垌镇是山区,山泉密布,当地农民习惯顺溪流筑些小石窝,放些草鱼进去,养上几年甚至10多年,长成少见的“生态大鱼”,用于招待稀客贵客或亲朋好友。原本属于“自然经济”,后来越来越多外地人出大价钱求购,于是催生成“市场经济”。现在,官垌镇建立了“官垌鱼”养殖协会,拥有数以667米^{2}计的池塘、专门为卖而养的家庭渔场数以百计,全县数以千计。

兴业县蒲塘镇以前经营2辆短途班车的全景乾,卖车得回26万元拿来建猪舍,在桉树林下大养“龙宝猪”,每批500头,养了一年半到现在出栏3批猪,差不多收回了本钱。他总结说:“开车和养猪,投资差不多,1年都是十几万元赚头。要说有什么不同,就是养猪轻松些,跑车辛苦些,风险也大些。”像这样规模的家庭猪场,在广西扬翔公司旗下目前有600多家。

“规模养殖”到底是怎样的，是不是规模越大越好？

2013 年中央一号文件首次提出“家庭农场”概念。国家农业部根据一号文件精神提出：“鼓励有条件的地方率先建立家庭农场注册登记制度，明确家庭农场认定标准、登记办法，制定专门的财政、税收、用地、金融、保险等扶持政策。”

在中央“两会”前后，自治区水产畜牧兽医局组织 4 个调研组分赴各地，就广西养殖业家庭农场状况展开专题调研，汇总情况和分析论证形成较一致的认识：近年广西养殖大户中相当一部分逐步壮大为家庭农场，涌现出一大批家庭猪场、家庭鸡场、家庭渔场等，已经初具规模，发展较为成熟，成为继专业大户之后的农村新型生产经营主体，值得及时总结经验，发现问题，探讨对策，更好地发挥其在农民收入倍增计划中的作用。

调查表明，广西温氏公司联结家庭鸡场 5 378 户；柳州实隆禽业公司联结家庭鸭场 500 多户；广西富来康公司联结家庭猪场 200 多户；广西扬翔公司新发展家庭鸭场 100 多户。

已经成为家庭农场，或有条件培育成为家庭农场的养殖大户，习惯称“规模养殖户”，目前以中小型规模养殖为主，家庭年收入一般在 10 万元以上。统计显示，全区 313 万养殖户中，规模养殖户占主导地位，其中生猪占 60%，家禽占 80%，水产养殖占 90%以上。他们大部分利用自家承包地，或水田，或山林，有的租赁部分土地，以家庭成员为主要劳动力，从事规模化、集约化、商品化养殖，有的还利用所养畜禽粪便配套种植果树、甘蔗等农作物，发展循环式种养。

在这次调查中发现，规模养殖户、家庭农场的兴起，大都与龙头企业、专业合作社的带动息息相关，可见“龙头带动”是主流。

“单打独斗”成功发展为农场的，是少数掌握养殖技术、具有经营能力的新型农民。百色市田阳县头塘镇大学毕业生刘富林，2008 年靠政府抗旱救济的 2 000 羽雏鸡起家，通过贷款 3 万元自已配制加工饲料，每出栏一批肉鸡后连本带利投入再生产。他与妻子、父母、岳父母一起打拼，5 年时间发展成为年出栏肉鸡 15 万羽、产值 600 万元的家庭农场，不仅盘活了自家 0.67 多公顷承包地，还租用附近村民 5.34 公顷果园。

规模养殖、家庭农场的兴起，龙头企业“拉力”最大，带动面最广，成为“主力推手”。龙头企业联结养殖户的方式，一是“订单”，二是“合作”，三是“股份”。紧密型加盟户在拥有场地后，一般只需投资建设栏舍和投入家庭劳动力，由公司免费提供种苗、饲料、疫苗、技术等并保价回收所出栏畜禽或水产品，这种模式具有新型农业经营体系的显著特征。目前，广西养殖龙头企业中，年销售收入超亿元的有 100 多家，其中桂林力源粮油饲料公司和广西扬翔股份公司 2012 年销售收入都在 50 亿元以上。这些“大龙头”带动数以万计农户，服务范围覆盖全国、辐射全球。近 2 年已成为全球最大生猪精液生产供应中心的扬翔公司，目前正与加拿大合作在贵港市建设全球最大“公猪站”——种公猪人工授精中心，投产后生猪精液生产可在现有规模上增长约七成，坐稳全球老大地位。

加盟专业合作社的规模养殖户和家庭农场，经营上相对独立，可以充分享受合作社提供的技术、信息、管理经验等服务，同时还可以与其他社员合作，打造产品品牌等。

北流市白马镇 2008 年由养猪能人何泽坤牵头，联合 8 个养殖大户发起组建白马宏发禽畜养殖合作社，统一投入品种采购供应，统一生产质量安全标准和技术培训，统一品牌、包装和销售，统一产品和基地认证。如今合作社扩展到 78 个养殖大户，社员存栏母猪 1 万头，年销售商品猪 17 万头、三黄鸡 100 万羽、罗非鱼 500 吨，还有荔枝、龙眼、提子 5 000 吨，总产值 3.6 亿元，与入社前相比户均年增收 8 万元。据统计，截至 2012 年底，全区共有农民养殖合作社 3 215 家，入社社员 75 467 人。

自治区水产畜牧兽医局汇总分析调研结果并组织专家进一步

论证，提出广西畜禽业家庭农场的建议认定标准：母猪存栏50头以上，肉猪年出栏1 000头以上，肉鸡、肉鸭年出栏5万羽（只）以上，肉羊年出栏500头以上，肉牛年出栏200头以上，奶牛存栏50头以上，其他畜禽规模按年产值折算。

自治区水产畜牧兽医局局长梁雨祥表示，家庭农场认定标准正式颁布实施后，在开展家庭农场规范建设试点示范和规范家庭农场经营管理的基础上，政府将对家庭农场优先给予补贴和奖励，优惠提供贷款、保险和财政专项扶持等，不断提高家庭农场生产力水平。

四、家庭农场发展面临的主要问题

（一）土地资源利用不充分

虽然广西壮族自治区的农业土地资源非常丰富，各式各样的土地资源形式适合发展不同的农业，但是在已利用的各类土地资源中，普遍存在着开发利用水平低的问题。其中，我们主要以畜牧业发展所利用的草地和水面来看。

在草地资源开发利用方面差异比较大，边远山区草地利用很少很轻，牧草处于自生自灭的状态，并没有太多的农户将注意力放在这些区域的牧草上；而农区低丘和平原草地，尤其是居民点附近草地，却形成了集中高度利用状态，出现了严重过牧超载的现象，牧草大部分都由高大禾草演变为低矮禾草；并且在养殖的过程中，一些不合理的放牧造成水土流失、生态失调的结果。

水面养殖呈现粗放的形式，水产品产量低，没有进行集中养殖，这样一方面会浪费很丰富的水源条件，另一方面也影响了养殖产量，当然在一定程度上，这种粗放养殖的形式，也可能会带来很多生态环境的问题；在广西壮族自治区，海洋滩涂的资源非常丰富，不仅滩涂面积广大，而且在这些滩涂内，海洋微生物资源也非常丰富，这些都为水产养殖业的发展提供了非常有利的得天独厚的条件，但是海洋滩涂利用率仅为18%，这很不利于农业的发展。

(二)农副产品深加工不足，市场信息缺乏

农副产品是农业发展的另一条延伸链，它的发展也会直接影响农业本身的发展。一是农副产品加工转化工业发展滞后，产品增值低。与发达国家甚至与我国发达地区相比，广西壮族自治区农副产品深加工存在很大差距。二是在农产品零售的组织方式方面，还没有达到以现代连锁超市为龙头的纵向一体化产业组织方式，农民与市场的联系十分松散。三是围绕农产品流通环节的产品分级、信息标识、采集和传递以及质量控制体系发展十分缓慢，导致不能形成优质优价的产品质量特征差别，农产品的同质化程度明显高于发达国家或地区。

(三)农业技术应用水平不高

改革开放以来，广西壮族自治区农业的发展确实离不开农业科学技术的应用。但从另一个角度看，当地农业发展程度较低也是由技术供应不足引起的。一是农业科技投入不足。二是农业物质装备水平较低，同时机械化程度仍然很低，远远不能满足农业规模发展的需求。此外，从需求情况看，超小规模的农业生产加大了农户的经营风险，降低了农业科技的使用效率，加之近年来农业劳动力转移数量的不断增加所导致的农村劳动力素质下降，都增加了农业技术扩散和使用的难度，也是影响农业综合生产能力提高的重要因素。

五、相应的措施

(一)努力提高土地利用水平

广西土地资源开发普遍存在利用粗放、开发程度低、结构不合理和效益差的问题。因此，今后要科学、合理、充分地开发利用土地资源，做到宜农则农，宜林则林，宜渔则渔，宜牧则牧，走资源永

续利用可持续发展的道路。土地资源实行开发、保护、节约并重，综合开发，提高效益。切实保护耕地，严格控制占用耕地，稳定耕地面积；加大农田基本建设力度，改造中低产田，改良土壤，砌墙保土，修建梯田，兴修水利，扩大耕地灌溉面积；加速发展生态农业，指导农民科学耕作，提高耕地复种指数，实行轮作、间作、套种、混种多层次立体式综合开发利用土地；增加农业科技投入，提高农作物单位面积产量；逐步提高土地经营集约化水平。调整森林林种、树种结构，发展优质、速生、丰产树种，增加森林覆盖面积，提高经济效益，保护生态环境。科学规划开发利用草场，扩大人工草场面积，推广种植优质牧草，提高草场载畜能力。科学、合理开发利用水域，开发荒水、荒滩，建立商品鱼基地和名特优种苗基地，提高可养水面利用率及单位面积养殖产量。

(二)开发利用宜农荒地

溶蚀平地型，此类主要分布在岩溶地区的溶蚀平地，以桂中、桂西北、桂西南一带较多。特点是地面起伏平缓，坡度小(3°～15°)，但土质黏重，地面透水、易旱，土壤肥力低，而且局部地区石芽出露、犬牙交错，较难开发利用，适宜发展果林或作为牧地；滨海台地类型，主要分布于沿海诸县(市)。特征是地面起伏平缓，顶部较平，高程一般在50米以下，但地面缺水，地表冲刷严重，土壤贫瘠，目前水利难于解决，主要以种植旱作、发展牧业等为主；海滩滩涂类，分布在北部湾沿岸，除南流江三角洲适合围垦外，其余滩涂主要用以发展海水养殖业。

(三)健全农业的产业体系

农业不仅具有食品保障功能，而且具有原料供给、就业增收、生态保护、观光休闲、文化传承等功能。建设家庭农场，必须注重开发农业的多种功能，向农业的广度和深度进军，促进农业结构不断优化升级。具体包括：促进粮食稳定发展；积极发展健康养殖业，调整养殖模式，做大做强畜牧产业；大力发展特色农业，因地制宜地发展特而专、新而奇、精而美的各种物质、非物质产品和产业；扶持龙头企业；推进以生物能源、生物基产品和生物质原料为主要内容的生物质产业发展，拓展农业功能、促进资源高效利用。在保证全国粮食总供给条件下，应根据各地不同的情况，合理调整农业产业结构，促进经济作物种植业、畜牧业、渔业、林业的发展。通过产业结构调整，促进专业化生产和农业商品化生产的发展，提高农业生产集约化程度。同时，要健全农村市场体系，发展物流产业。

(四)加强对农村教育的投资

农村劳动力的培训，在提高劳动力素质、促进劳动力就业、优化人力资源配置、提高家庭生活水平方面效果显著。广西壮族自治区的少数民族人口较多，农村劳动力的整体文化水平还比较低。因此，应进一步加强九年制义务教育的实施，并适当调整教学内容，有针对性地加强职业教育和技术培训，是十分必要的。普遍开展农业生产技能培训，扩大新型农民科技培训工程和科普惠农兴村计划规模，组织实施新农村实用人才培训工程，努力把广大农户培养成有较强市场意识、有较高生产技能、有一定管理能力的农业经营者。鼓励农民用知识武装头脑，用科技的力量发展家庭农场，这样才可以跟上时代的脚步，发展可持续的现代化农业。

六、为什么我们要发展畜牧业规模化

从发达国家的畜牧业经济发展趋势上看，畜牧业生产的规模化是一种不可阻挡的历史潮流。在这一历史发展的进程中，美国、加拿大选择大农场的发展道路，而欧洲各国则选择了家庭农场的发展道路。虽然他们选择的发展道路不同，但都分别实现了现代畜牧业这一产业发展目标。我国目前正处于经济转型时期，正处于选择何种规模化发展道路的交叉路口。我国幅员辽阔，地区间的差异性大，经济发展水平不平衡，形成散养农户、家庭农场、大农场、规模化饲养小区等多种经营成分并存的局面。但从全局上看，我国的畜牧业生产仍然是以农户的家庭经营为主的国家，借鉴欧洲模式，在工业化和城市化的进程中，把越来越多的农户打造成家庭农场，是畜牧业走向规模化经营的现实选择。

我国的畜牧业经济，由于受土地、资本、技术等要素投入制约，总体上属于劳动密集型的传统发展模式。目前，正处于由传统畜牧业向现代畜牧业发展的转型时期。人口的二元结构及耕地资源稀缺，决定我国畜牧业经济发展亦不可能采用北美模式。草地大产草少，决定我国畜牧业经济发展不具备选择澳新模式的基本条件。我国人口的65%属于农村人口，农业劳动力供给过剩是我国农业生产要素市场的主要特征。这一特征意味着我国农业劳动力成本低，同利用机械相比，利用廉价劳动力更具有比较优势，这就是为什么我国现阶段的畜牧业经济发展应该是劳动密集型的，而不是资本密集型的主要原因。从业人口的受教育水平低、科技素质差，人均耕地面积小，决定我国的畜牧业经济发展不可能是技术密集型和土地密集型的。

随着时代的发展，我国畜牧业生产也必然会朝着规模化的方向迈进。但是，实现规模化生产可以有不同的途径，如培育家庭农场、建设规模化的饲养小区、发展大规模的商业化大农场等。我国目前的畜牧业生产从业者多数是小规模的农户，这也是我国的基本国情。基于这样的基本国情，我国实现畜牧业生产规模化途径应以培育家庭农场为主，即逐步实现由农户向家庭农场的转变。政府主导的社会化服务体系建设要特别强调针对家庭农场，科技创新、技术推广、高科技的研发都要服务于家庭农场。但是，毫无疑问，我国畜牧业发展家庭农场的进程将取决于工业化和城市化的进程。由于工业化和城市化的进程漫长，我国的畜牧业生产由农户向家庭农场的转变必将是一个长期过程。

在培育家庭农场的过程中，应该重视畜牧业化经营模式创新。

从近期看，我国的畜牧业产业化经营应该走以公司为龙头的“公司＋家庭农场”的发展道路。可以预见，随着我国城市化和工业化进程步伐的加快，将会有越来越多的农村人口流向城市、由农业流向工业，随之而来的是农户的生产经营规模的不断扩大，专业程度的不断提高，从而加速家庭农场的出现。这与许多欧洲国家的农业发展道路是相一致的。家庭农场的出现既可以满足企业现代加工生产线对原料的质量需求，又可降低加工企业的交易成本。因此，各级政府部门和龙头企业应顺应这种历史发展趋势，在培育家庭农场上下功夫。

从长期看，我国的畜牧业产业化经营模式创新，应该借鉴发达国家的经验，走“合作社＋公司＋家庭农场”的发展道路，不过，这里的公司是隶属于合作社的公司。这是一条既有利于公司又有利于农户的发展道路。对公司而言，根据我国的农民专业合作社法，组建农民专业合作社可以获得国家财政、税收、金融、科技、人才等多方面的扶持。同时，公司还可以从家庭农场那里获得优质活畜。对家庭农场而言，同样可以通过加入合作社获得国家的政策支持，同时，又可享受来自合作社的利益分层。这是许多发达国家走过的道路，是一条普遍性的规律。我国畜牧业产业产业化经营的发展，也不应违背这条发展规律。

第二节　种植型家庭农场经营管理

家庭农场是以农户家庭为基本单位，从事适度规模的农林牧渔的生产、加工和销售，实行自主经营、自负盈亏、自我积累、自我发展的经济实体。发展规模化、专业化、集约化经营的“家庭农场”，是上海郊区发展现代农业的一项重大改革探索。在松江区委、区政府的高度重视下，自 2007 年开始，以浦南为重点，积极发展 6.67 公顷以上的粮食家庭农场，共培育 708 家、经营粮田面积

7 666.67 公顷，占 2008 年全区水稻种植面积 1.1 万公顷的 69.53%。这里，我们就以上海市松江区为例，对种植型的家庭农场做简单介绍。

一、发展家庭农场的基本条件

松江区位于长江三角洲内，地处上海市西南郊，距离上海市中心 40 千米，东与闵行区接壤，南与金山区毗邻，西北与青浦区相连，东南有一段与奉贤区交界。松江区土壤属湖沼相沉积的黏土类型，上层土壤以沙质小粉泥、青紫泥为主。地处亚热带北缘，气候温和，四季分明，日照充分，无霜期长，光、热、水同季。年平均温度 15.4℃，极端最高气温 39.1℃，极端最低气温 −10.5℃，平均日照 2 047.3 小时，无霜期 230 天左右。有利于各种作物生长。

近年来，随着松江经济的快速发展，发展家庭农场的时机已经成熟，具备了基本的条件。

(一)农村劳动力的大量转移

农村劳动力是发展家庭农场的重要前提。只有减少农民，才能提高农民人均土地占有量。近年来，松江区大力推进农民非农就业，加快农村劳动力向第二、第三产业转移。全区 19.65 万农村劳动力中，直接从事农业生产的农民减少到 1.25 万人，非农就业农民已达到 17.75 万人，占农村劳动力的 90.28%，使转移农民能够稳定就业；扎根农业的农民不断扩大规模，发展家庭农场；不务农的农户可流转出土地，取得土地流转费收入。农村劳动力的大量转移，使农民的收入结构发生根本变化。据统计，现在农民的收入构成，来自非农产业的工资性收入对农民增收的贡献率达 80%以上。

(二)农村土地的规范流转

土地流转是发展家庭农场的重要基础。只有加快土地流转，才能保证土地的集中连片种植。2006 年，区政府制定了《关于进一步规范土地流转、促进土地规模经营的意见》。区、镇农业部门加强土地流转的管理、指导和服务,积极引导和鼓励农民规范流转土地,签订市统一流转合同文本。改变了农民的生产方式,实现社会化大生产,减少兼农户,扩大专业户,提升规模户,提高了农业规模经营水平。2008 年农户承包地总面积 1.14 万公顷,目前已经流转 1.07 万公顷,占 93.95%。其中:签订市统一格式合同面积 7 680 公顷,签订流转合同 6 711 份;农户委托村组集体流转面积 9 900 公顷,出具规范委托书 32 380 份,进而实现农业适度规模经营。

(三)农业机械化水平的提高

农业机械化是发展家庭农场的必要条件。随着松江经济的不断发展,农业机械化程度有了很大提高,形成了较为完善的现代化农业机械体系,可以保证实现土地适度规模经营后对农业机械的大量需求。全区拥有农机总动力 10.88 万千瓦、大中型拖拉机 840 台、联合收割机 160 台、高速插秧机 15 台、配套农具 1 100 多台。全区 1.07 万公顷粮田,机械化耕作率达到 100%,水稻机械化收割率达到 99.5%,机械化播种率达到 30%。松江水稻高产栽培技术的稳定成熟和机械化水平的大幅度提高,具备了水稻插秧、机直播、机防治、机收割的能力。

(四)农业服务体系的完善

农业社会化服务体系的不断完善为发展家庭农场提供了保障。松江区积极创新农业服务形式,为农民提供产前、产中、产后全方位、多层次服务。一是强化科技为农服务。加强区、镇农技推广队伍建设,积极实施联农扶农、科技入户工程。二是完善农资农机服务。在市郊率先建立浦江农资连锁超市公司和农邦农机合作社,服务网络覆盖全区农业村。三是加强信息服务。由分布于各村的为农信息服务站专人负责,帮助农户查阅信息和技术资料。

四是加强气象服务。区气象局通过手机和网络及时发布雨雪等灾害性气象预报，以便及时采取相应措施抵御灾害，降低或减免损失。五是农业保险和贷款担保服务，解除农民后顾之忧。

(五)发展现代农业的政策扶持

松江2013年连续出台了有关推进都市型现代农业发展、土地流转规模经营、粮食家庭农场发展等政策，政策对“三农”扶持资金力度不断加大，市、区二级政策性直接补贴逐年递增，农业投入的不断加大，农业基础设施的不断改善。用现代化设施装备农业。已建成设施粮田6 666.67公顷、设施菜田1 040公顷、花卉设施298.8公顷。为家庭农场的发展打下坚定的基础。

(六)劳动者素质的不断提高

农业经营者是发展家庭农场的重要人力资源。改革开放的实践，锻炼了广大农民的市场开拓意识和经营管理能力，涌现了一批懂技术、会经营、善管理的农业规模经营能人。近年来，区委、区政府加大对农村劳动力在现代农业技术和岗位技能方面的培训力度，大力开展专业农民培训、国家职业资格培训和创业农民培训，先后开设了粮食、蔬菜、花卉等29个培训项目。每年培训农民5 000多人，已有167名和800名“专业农民”分别获得国家职业资格高级、中级证书。劳动者素质逐年提高，提供了发展家庭农场经营的人力资源。

二、发展家庭农场的主要做法

通过这几年发展粮食家庭农场的探索和实践，主要有以下一些比较成功的做法。

(一)加强宣传引导是前提

区委、区政府及农业智能部门高度重视，多次深入基层、到农户进行调研，加强宣传引导，强调发展现代农业必须从松江的社会经济和农业生产力的现状出发，必须从培育以家庭农场为主的现代农业经营主体着手，必须以增加农民收入为目的。粮食生产政策性强，加强农业和粮食生产是“三农”工作的重要任务，努力增加农民收入是“三农”工作的核心，培育和发展粮食家庭农场正是加强粮食生产和增加农民收入的有机结合。大多数镇、街道加强了发展家庭农场的宣传引导，如叶榭镇进行了巡回演讲，让农户现身说法，提高宣传效果。新浜镇把推进家庭农场规模经营的意义，以党员座谈会、村民代表会议、户长会和告知书等不同形式宣传给每位村民。

(二)规范土地流转是关键

土地牵涉到农民的切身利益。实行土地规模经营的关键是如何使原来分散在农户手中的零星土地集中。土地流转必须实行“依法、自愿、有偿”的原则。根据这一原则探索并实施了农户统一向村民委员会委托流转，再由村民委员会与家庭农场户签订市统一的土地流转格式文本的规范操作程序。各镇结合实际，出台了土地流转的指导价，在土地流转机制上保证了粮食家庭农场发展的顺利进行。

(三)实施政策扶持是保证

为了指导和保证粮食家庭农场的顺利实施和推进，区农委会同区财政局在调研的基础上，出台了《松江区鼓励发展粮食家庭农场的意见》，主要是对粮食家庭农场给予土地流转费补贴和水稻保险由财政全额买单，各镇、街道也相继出台了相关扶持政策，如叶榭镇制定了《关于扶持专业农民、培育家庭农场的实施细则》，新浜、石湖荡、小昆山、佘山等镇对家庭农场给予了资金预支，一定程度上解决了生产周转资金。政府提高对农业保险的补贴，对粮食家庭农场做到了农业保险全覆盖，减少自然灾害的风险和损失。

(四)选好经营人员是基础

要使粮食家庭农场能得到稳固发展,选择好经营人员是基础。各镇、街道能按照《松江区鼓励发展粮食家庭农场的意见》,扶持当地专业农民和种田能手、镇村干部和技术人员等"有文化、懂技术、会经营"农业经营者发展家庭农场。对家庭农场的面积原则上控制在6.67～10公顷,对家庭农场经营者按照标准认真选择。经过几上几下,严格把关。首先本人提出申请、村委会把关、最后确认公示,挑选出吃苦耐劳、钻研技术、善于经营的农户签订租赁协议和不转包承诺书。由于大多数镇、街道基础工作做得比较扎实,保证了粮食家庭农场的健康发展。

(五)强化配套服务是保障

农业组织形式发生变化后,农业的专业化、社会化服务也随之适应。区农委及时制定了《粮食家庭农场服务规范》,要求区、镇农业部门按照规范加强服务,使粮食家庭农场户得到了便捷和优厚的服务。一是加强了技术指导。区农技中心在结合农时培训的基础上,派出10位技术人员对10个示范农场进行挂钩联系现场指导,进行全程跟踪服务。二是加强农机作业服务。与粮食家庭农场签订机耕、机插秧和机收服务协议。在农机植保服务上,配足植保机械。三是加强农资供应服务。水稻病虫害预防农药配送已遍布所有农业村及家庭农场,在叶榭镇已试点肥料配送服务。四是实施经营管理服务。对所有家庭农场设置印发了《家庭农场农本日记账和经营状况登记表》,指导加强经营管理。五是协调粮食局,制定了对4个镇4个村53户家庭农场333.33公顷水稻18%高水分收购和上门收购试点方案。

三、发展家庭农场的简单案例

(一)粮食家庭农场经营户:沈忠良的“七年之变”

年近50岁的农民沈忠良最近很忙。自从“松江模式”家庭农场概念出现在2013年中央一号文件后,前来参访的人,几乎踏破了他家门槛。原因就是,他是松江首批家庭农场主、全国种粮大户、市人大代表和劳动模范。

眼下是农闲时节,老沈不用成天守在田头。偶尔来清沟、扎肥料、打药水,大部分时间则“洗脚上楼”享清福。只要不干活,甭管衣服是啥牌子,他都把自己打点得干净整洁。这应了他的那句口头禅:“如今就得活出现代农民的样儿来!”可老沈“干净”的日子也不多了。等3月底春耕一开始,他就要开始忙乎起来,保养、维修众多农机及伺候9.73公顷承包田。“‘松江模式’出名后,我更得一丝不苟地做好分内事。”沈忠良憨厚地说。

那他一个人是怎样经营这么大面积的土地的?如果只是依靠人力,那肯定是做不过来的,沈忠良的农场是使用农机结合的方法,事半功倍。

沈忠良是松江叶榭镇金家村的村民,一辈子没离开过土地。19岁那年,他当上了农机手。拖拉机、收割机、开沟机等大块头的机械,他都摆弄得很灵光。从农机手转行当家庭农场主,还得从2004年谈起。当时许多村民都去了城里打工,许多耕地因无人耕种荒芜了。“看到大片大片的荒地,我心疼呐。”沈忠良实在看不下去了,他开着自家的拖拉机,用了几天时间,铲除了荒地上没过腿的野草。犁了地,松了土,荒地重新焕发了勃勃生机。就这样,自家的地加上别家的荒地,沈忠良种了2公顷地。到2006年变成了5.33公顷。

此时,松江区农委尝试推广家庭农场模式,旨在大幅提升农业生产经营的规模化、专业化、商品化生产经营。2007年,已种植

5.33公顷耕地的沈忠良，顺理成章地成了松江区首批家庭农场经营户，后来又增加到9.73公顷。

沈忠良地种得还算顺，可新问题又来了，几台农机设备，大部分时间都“喂不饱”。为解决这个问题，沈忠良加入了镇里深受欢迎的“大机互助化，小机家庭化”的机农结合——由1台收割机、2台拖拉机、3名农机手、8户家庭农场构成的“1238”服务模式。他的1台拖拉机与2台收割机也被“收编入伍”，和其他农场主共同组成了7台收割机、14台拖拉机的“农机小分队”。

随后，叶榭镇金家村和团结村的31户家庭农场主成立了忠佩农机专业合作社，他被推选为负责人。沈忠良感叹：“原来自己的农机大部分时间闲着，打地、收割也不够规范，自从加入了合作社后，资源共享，农机得到了最大化的运用，只要时间与收割季节掌握好，效率足足提高了1倍多，给我们这些农机手和家庭农场主帮了大忙。”在忠佩农机专业合作社，“农机小分队”齐刷刷地停在车库里，沈忠良不时地用抹布擦着这些农机，车身上连零星的泥巴和杂草都没有。在沈忠良眼中，这是他的“宝贝”，更是家庭农场主的“左膀右臂”——沈忠良与他人相比，他的优势在于他把“农”、“机”结合的优势做强做大了。他既深谙科学种田之道，总结出“适时早播，争早苗”等7条种粮经验，成为远近闻名的种粮行家，又是一个现代农机操作的行家里手，大大提高了劳动效率，收成一年好过一年。

2009年，沈忠良获得了上海市劳模、全国种粮大户（全市仅2人）殊荣。到了2012年，沈忠良的家庭农场再次提交了一份优秀“成绩单”：水稻每667米^{2}产量596.9千克，比全区平均产量提高4.4%，全年种植净收入12.4万元，农机服务净收入3.1万元，家庭年总净收入15.5万元。

2012年年底，沈忠良“像做梦似的”当上了上海市人大代表，参加了市人代会，与区长、镇长等坐在了一起。在全区36位代表中，只有沈忠良一人是农民。他很珍惜这个机会，一口气提出几个提案，都与“三农”问题有关。

沈忠良动情地说道，他曾多次去市郊考察，发现不少农民把粮食晾晒在马路上，只给车辆腾出一条“窄缝”通行。“安全问题就不用多说了，这车辆带起的沙尘也污染了粮食啊！”松江粮食部门推出的稻谷烘干服务虽然除去了粮农的忧虑，做得到位，但身为一个市人大代表，他在会上还是“严厉”批评了这种服务存在的缺失，希望政府能够重视起来，避免产后损失。

然而最让沈忠良牵挂的，还是家庭农场模式在现阶段所暴露出的问题。“我认为土地所有者和经营者之间，需要确立一个保护和规范各自权利的机制。”沈忠良指出，家庭农场的土地都是政府通过流转零散地块而划分给承包户的，眼下家庭农场越来越吃香，如果土地所有者“眼红”，随意要回土地，这对干劲正足的家庭农场主来说无异于“致命打击”。

沈忠良的担忧不无道理。据了解，松江区现有家庭农场 1 206 户，经营着整个松江 80% 的农田。当前，家庭农场年收入已达 7 万～10 万元，以后几年有望达到 10 万～15 万元。家庭农场模式，让许多人看到了规模效益所带来的好处，这对农民有着相当大的吸引力，因此几度出现了“农民抢田种”的现象。他还提议，现在的承包时限都是 1～2 年短期的，应该考虑适当延长，“这样既能保证承包者权益，又能让耕者真正安心种地。”

沈忠良取得的这些成就与他勤勤恳恳的工作是分不开的。

第一，扎根农业，提升技能。沈忠良既是一名家庭农场经营者，同时又是忠佩农机专业合作社的负责人，通过这几年的努力，不仅种粮成为了远近闻名的行家，在对现代农机的操作上也刻苦钻研，拖拉机、收割机、开沟机等机械不但操作熟练，而且在农机维修保养上也是一位能手。

第二，承担责任，勤奋工作。沈忠良成为家庭农场主后，他感到肩上责任更重了，他认为作为一个粮食家庭农场主，为国家多生产一份粮食是他最大的愿望。为了承担好这份责任，实现好这份愿望，他勤奋工作。每天收工后，他详细回顾当天工作，做些笔记，并思考明天工作安排；每天早上，他总是习惯于肩上扛着一把铁铲，勤于生产管理；在粮食收获时，他总是认真收听天气预报，精准安排收割时间，7 年来，从未发生过稻谷或麦子腐烂现象。

第三，服务村民，注重辐射。沈忠良作为村里农机合作社负责人，积极为全村家庭农场服务，带领农机合作社社员做好家庭农场的粮食耕种收割作业。沈忠良作为有丰富种粮经验的家庭农场经营者，还热情地把学到的知识、积累的经验向周围的农户宣传。近年来，沈忠良利用各种场合、各种机会宣传、介绍自已的种粮经验，使周围农户的生产水平也得到了有效提升。

第四，积极探索，不断提高粮食产量。搞好粮食生产，努力提升粮食生产水平，争取高产更高产已经成为他心中的事业。所以，几年来他主动与有关科技人员联系，开展了粮食高产试验，参加区水稻高产竞赛活动，通过适时早播、稀植、湿润灌溉、延长功能叶寿命等多种措施，才能有这样的好成绩：2012 年水稻每 667 米^2 产量达 596.9 千克，比松江全区平均产量增产 4.4%。

(二)蔬菜家庭农场经营户：钱华慧“弃商从农”

钱华慧今年 33 岁，和一辈子与农田打交道的沈忠良不同，他曾在城里当了 8 年的汽车销售员，而且收入还很可观。2012 年 10 月，他听说村里要组建蔬菜家庭农场，便毅然辞掉了熟悉的工作，从松江城里返回了老家泖港镇林建村。不仅如此，他还叫上了种田老把式的老丈人，一心一意地种起了蔬菜。

蔬菜家庭农场里一片繁忙。钱华慧脚穿一双沾满泥巴的雨靴，袖子撩得老高，在自家大棚里钻进钻出地忙乎着。他从挎兜里掏出一本“蔬菜承包户田间生产档案原始记录表”，只见封面上醒目地写着四个大字——“诚信于民”。

在朋友眼中，钱华慧被称为是一个“另类”。

在成功实践并推广粮食家庭农场之后，松江率先将家庭农场模式拓展到了蔬菜领域。2012 年 10 月，泖港镇正式启动了蔬菜家庭农场试点工作，包括钱华慧在内的 6 户农民，成为了首批“吃螃蟹”的人。如今，农户种植的第一批蔬菜已销售完毕，初步估算，菜农们的年收益可达到 4 万～5 万元。

在位于泖港镇黄桥村标准化蔬菜基地的蔬菜家庭农场试点地块里，108 套 8 米标准钢棚，排列得整整齐齐，大棚间的水泥路干净整洁。很难想象，半年之前这里完全是另一副模样。泖港镇辖区内拥有 66.7 公顷蔬菜种植农田。种蔬菜的除了农业合作社和散户农民外，还有大量外来承包户。多年来，农田经层层转包，田间环境变得脏乱差、土地资源没有合理利用、蔬菜安全无法把关等诸多问题，逐渐暴露出来。在参考粮食家庭农场的经验基础上，泖港镇率先尝试组建蔬菜家庭农场。镇政府对这 66.7 公顷土地进行地块调整，清退了一部分外来承包户，并将黄桥村的 6 公顷农田独立划分出来，并对土壤进行了改造，铺设了地下管道，修建了大棚。经过精心筛选，将这片区域的土地，承包给泖港各村的 6 户蔬菜种植专业户。

承包了 1 公顷菜地的钱华慧，是 6 户农户中最年轻的一个，也是朋友眼中的“另类”。当他决定“弃商从农”后，质疑声便不绝于耳。“朋友们都说我傻，放着城里的好日子不过，非要回到田里日晒雨淋。”钱华慧说起去年重新选择成为新生代农民之事时，很是感慨。“从小我跟父母下地干活，真的很辛苦，但现在农业，已今非昔比，我感觉这是一次很好的发展机会，不仅有政府的扶持补贴，更有规模化经营和机械化设备的帮忙，再加上我恶补农业科技知识，一定能干出一番事业来。”

不过，理想虽美好，实现却很骨感。真正回到田头时，庄稼人的艰辛，显然超过了他的预期。菜生病了怎么治？土地缺养分了怎么补？一个个问题搞得他头都大了，无奈，钱华慧经常彻夜查资料、蹲田头，不时拜访专家、请教“老把式”，一切从头学起。农忙时，小钱更是早出晚归，“每天早上五六点钟就要下地，出门前将电饭煲设定在6个小时后煮饭，中午回到家，打开电饭煲随便吃一点，休息片刻再接着下地，一直忙到天黑。”他说，有时候实在太累了，晚上躺在床上时，想想日复一日地接着干，心里不免有所后悔，种地的辛苦程度，是城里朝九晚五的上班族无法相比的。“不过，看着自己精心种植的蔬菜获得好收成，忽而我又觉得，一切辛苦都那么值得。”

泖港镇农办负责人介绍道，挑选家庭农场承包户严格遵循了几个条件：种植技术有口皆碑的本地农户；农户家庭成员中必须有2名以上劳动力；必须是自耕农民。在蔬菜家庭农场推广后，这个标准也将继续严格执行。

与粮食种植相比，蔬菜种植“靠天吃饭”，天有不测风云，菜价经常起伏波动，若是单靠菜农自产自销，无法保障收益。为了从根本上保障蔬菜家庭农场经营户的利益，镇政府组建的“浦净蔬菜专业合作社”将经营户纳为社员，提供全部蔬菜种植设施，并包揽了蔬菜家庭农场的产前、产中、产后管理。

每季蔬菜种植前，合作社统一进行市场调查，为家庭农场经营户推荐蔬菜种植品种；在种植中，为经营户提供农业技术支持、保障蔬菜质量安全；蔬菜产出后，经营户若无法自行销售，合作社以保底价购入蔬菜，为家庭农场经营户代为销售。此外，合作社还为家庭农场经营户统一集中购买了农业保险，将风险降到最低，蔬菜家庭农场的成本投入同样也降到了最低。

“这些年来，农村年轻劳力流失严重，通过家庭农场的模式，我们希望将有技术、有头脑的年轻人重新吸引回来。”浦净蔬菜专业合作社社长朱连芳说，往后像钱华慧这样的“2030”年轻劳动力，将成为家庭农场的主力军。

蔬菜家庭农场成了“香饽饽”，泖港镇对经营户提出了更加严格的要求。合作社几乎每天都对家庭农场进行环境和蔬菜安全质量的巡查。若是经营户达不到合作社的高标准，将被不留情面地清退，从源头保障了蔬菜安全。6 户家庭农场还引入了一套“田间档案”，蔬菜的种植、发芽时间，打了什么农药、药剂量多少，全部一一记录在册。

由于蔬菜家庭农场试点启动不久，朱连芳提出了当前遇到的问题。经营户的承包土地和住地相隔很远，需要在田间设置几间供农民生活作息的生产辅助房。目前，泖港镇正与土地部门积极协商沟通，并计划在推广家庭农场时，以项目化的形式将辅助用房纳入统筹设计；此外，泖港镇也计划通过试点总结，为蔬菜家庭农场经营户争取到粮食家庭农场享受的货币补贴政策。

四、发展家庭农场的初步成效

发展家庭农场是适应当前松江区社会经济发展状况，适应农业生产力的。在各级的共同努力下，粮食家庭农场得到了快速、健康推进，并取得了初步成效。

1. 加快粮食规模经营速度　2007 年以来，以家庭农场为主的粮食规模经营得到了迅速发展，从 2007 年的粮食规模经营面积 2 公顷以上 1.01 万公顷、占 92.9%，提高到 2008 年的 6.7 公顷以上 1.05 万公顷，占 94.8%。粮食种植户从 2007 年的 4 900 户减少到目前的 959 户。其中 6.7～13.3 公顷及以上的家庭农场 588 户、5233 公顷，分别占 83.05%、70.85%。

2. 调动农民种粮积极性　松江区政府积极贯彻实施国务院和市政府加强农业和粮食生产的政策和措施，加大了种粮补贴力度，极大地调动了农民的种粮积极性。粮食家庭农场的组建提高了粮食生产专业化程度，粮食生产效益更直接关系到农户家庭的经济收入，原来农户分散经营的 0.2～0.35 公顷土地种与不种，种得好与不好对其收入影响不大。现组建家庭农场土地集中后对家庭收入影响很大。因此，粮食家庭农场户千方百计种足种净面积，想方设法降低生产成本，以提高粮食生产效益，2012 年秋季开始，粮食家庭农场为主种植的小麦面积比上年增加了 2 000 多公顷，增长 70%以上，农民种粮积极性进一步高涨。

3. **培育现代农业经营主体**　提高了家庭农场经营者规模经营的能力，目前粮食家庭农场 6.7～10 公顷的 439 户、3 506.7 公顷，分别占 62%和 45.74%；10～13.3 公顷的 149 户、1 966.7 公顷，分别占 21.05%和 22.52%；13.3 公顷以上的 120 户、2 433.3 公顷，分别占 16.95%和 31.74%。经营者的年龄和文化结构有了较大的改善。708 位家庭农场的经营者年龄结构为：35 岁以下 34 人、占 4.80%；36～45 岁 126 人、占 17.80%；46～55 岁 387 人、占 54.66%；56～60 岁 136 人、占 19.21%；61 岁以上 25 人、占 3.53%。经营者文化程度：小学及以下 147 人、占 20.76%；初中 461 人、占 65.11%；高中及以上 100 人、占 14.13%。改变了从事农业劳动力年龄大、文化程度低的状况，农业经营主体更适应农村社会经济和农业生产力的发展。

4. **提高农民经营性收入**　2008 年夏粮喜获丰收，实现"面积、单产、总产"三增的可喜局面。全区小麦种植面积 4 200 公顷，比上年增加 70.2%，单产 324 千克，比上年增加了 19%；总产 2.04 万吨，比上年增加了 106%。农业夏熟丰收带动了农民经营性收入的提高。据统计，2008 年 1～6 月份松江区农民可支配收入 7 183.6元，比上年同期增长 10.0%。

五、进一步发展的相应政策

1. **适度的财政补贴政策**　财政补贴的政策在三农发展的过程中是非常重要的，而家庭农场的发展一定会涉及到土地流转的问题，适当的贴补政策可以减少土地流转费带给农户的压力。但是，用土地流转费在每个区的财政补贴项目和标准一定要综合实际情况考虑，既要让种粮农民有合理的收入，又不能偏高而影响其他农民非农就业的积极性，致使部分农民回乡要田种田，影响规模经营的发展。

2. *建立家庭农场发展的平台* 家庭农场的发展并不是局部的发展，而是全国农业新形式的发展，它的发展需要一个平台，农户在这个平台中可以了解信息、交流信息并且利用信息。农户可以发展行业协会并组织各项活动，在种植管理水平、科技应用、产量水平、经营管理和效益等方面加强学习、交流和合作，实施粮食家庭农场考核评比竞赛奖励，使更多的优秀农民和种田能手脱颖而出，从而提高积极性和种田技能。

3. *稳定土地流转机制* 土地流转机制中包含很多方面的信息和细节，应该根据当地的实际情况，结合更多的因素，合理确定家庭农场的土地流转期限；并且可以在土地流转费逐年适当提高的基础上，适当延长土地流转时间，这样使土地流出更加安心，流入更加稳定。

4. *解决生产经营资金问题* 每年的“三夏”以及“三秋”是农民收获和最忙碌的日子，在这之前，应提前提供一些财政补贴。当然还有一些农户需要贷款，应该对需要贷款的家庭农场由区农业贷款信用担保资金给予担保，解决生产经营资金的瓶颈，同时由区财政贴息，这样在很大的程度上可以减轻农户很多的负担，才能更加鼓励农户经营农场，增强农民的生产积极性，带来更多的效益。

5. *引导组建专业合作社* 家庭农场的作物并不是面向农民本身的，它不像传统农业一样，农户自给自足的耕种，在更大的程度上，这些作物是面向广大的市场的，市场的需求又是琳琅满目的，如何能使农产品销售的更广泛，消费者购买更放心？我们应该在粮食家庭农场的基础上，以粮食的生产、经营、管理、商标、品牌、市场营销、配套服务为纽带，引导和组建农民专业合作社，形成由家庭农场生产并且合作社经营管理的运行机制，保障农产品的市场销售。

六、从中得到的启示

松江家庭农场的实践提供了一个发达地区城乡统筹发展的样本，其最具启示的地方在于政府如何认清和合理发挥其职能。在此处，政府的作用是在对农民工资性收入上升、非农就业活跃、社会化服务体系健全及自身财力允许等客观条件的审慎研判之后，因势利导而非代民做主地推动农业适度规模经营局面的形成。集中起来的土地仍然由农民特别是当地的种田能手承包经营，土地作为一种生产要素在未改变其用途的条件下通过自由流转而得到盘活。在这个意义上，严格的用途管制和功能区划因应的是技术约束，而自由流转遵循的是市场法则，两者相得益彰。

松江家庭农场的实践还提示人们，尊重和保护共同体成员的积极性，充分发挥和激活本土性资源，可以取得事半功倍的效果。如果土地流转给公司，权力当然欢迎，村镇积极性可能也不低，但于本地农民未必有利，而公司也很可能意在沛公，无意务农。更常见的情况是，公司拿来地后，要么碍于不得改变用途的约束，索性当“二地主”实行转包，这样不断增加冗余环节，凭空抬高地租；要么只手遮天，变相改变用途。所以，本土资源没有被排除在外，乐于扩大耕地面积的人有了用武之地，这样的模式是具有内生动力和可持续性的。

当然，家庭农场的推动得益于村集体强大的组织协调能力，当村集体作为这片土地的功能规划者和土地发包人定期向种田大户进行土地资源的分配调整后，如何确保村集体自身行事公允就成为一个日益重要的问题。另一个问题是，如何在制度上不断稳定种田能手们对于土地耕作权和收益权的长久预期，这将直接影响其对土地投入和地力保护的强度。这些问题，很难以一刀切的方式,以某种固化为“模式”的做法全国推行。在今天,我们尤其有必要重温20世纪80年代农村改革的黄金时期,贯穿于几个一号文件中的政策精髓:尊重探索,因地制宜。

第三节 农庄型家庭农场经营管理

农庄型家庭农场近些年在很多省份如雨后春笋般,一个个地快速兴起,但是并不是每个地方的农场都发展得很好,每个地方的农场的发展方式也有细微的不同。农庄型的家庭农场改变了传统的农业盈利形式,农民不将土地作为唯一的生活来源,农庄型会吸引很多城市里的人来到乡村,感受乡村的氛围,自己耕种,自己收获的快乐。

而山区受自然、环境、地理条件、耕地面积等因素限制,发展家庭农场,难以像平原地区那样借鉴“欧美模式”,走机械化生产、规模化经营之路,必须因地制宜,另辟蹊径。台湾的家庭农场在经营理念、运营方式、盈利模式等诸多方面,与一般人印象中的家庭农场有着明显不同,这对我国大陆的山区家庭农场建设颇有借鉴之处。

台湾的“生态农庄”,有以下鲜明特点:

1. 注重生态,着眼长远　台湾的生态农庄,有不少建设的最初目的,是在乡村为自己营造一个能够亲近自然、亲近田野,远离俗世烦扰、远离现代都市生活的宁静港湾,因此他们在农庄建设过程中,不是将经济效益放在第一位,而是将环境的保护与改善、生态功能的恢复放在第一位。他们常常花费数年功夫,把很多钱投资到改善环境上。在种植或养殖生产过程中,他们基本不施化肥,不打农药,有的甚至农家肥也不使用。提高产量的主要措施,就是靠逐年恢复、改善、培肥地力。其目的一是确保所处生态环境不受外来化学污染,二是确保自己的产品质量原汁原味,营养、安全、健康。这种农庄经营模式，与内地很多急功近利的投资者心态相比，有着很大不同，因此他们的经营理念，也常常不被外人所理解。但从长远看，这种生态农庄极具生命力。因为随着经济的发展，人类对自然的影响几乎触及到地球的各个角落，就是在一些偏远山区也不例外。当越来越多的环境被污染、生态被破坏，当人们很难再找到不被污染、不被破坏的生态居住环境后，这种苦心经营的生态农庄就会显得弥足珍贵，越来越多的人就会对其感到向往，进而前去游玩、观赏、放松、体验。因此台湾的很多生态农庄，建园的初衷虽然是为了“悦己”，不是为了赚钱，但经过多年经营后，最终成了“悦人”的场所，获得了丰厚的回报。

2. 融入自我，特色鲜明　由于建设的初衷是营造自己理想中的环境与生活，因此台湾的生态农庄，很多在建设与经营过程中，都明显融入了自己的思想、创意与追求，具有鲜明的个性特征，给人以深刻的印象。例如位于台湾宜兰大同乡的“不老部落”，由重回故土的 7 户泰雅族原住民创建。该农庄的最大特色就是师法自然、回归自然。庄园的房屋都是用木头、茅草等自然材料搭建，与当地环境和谐地融为一体。住在庄园的人们坚持沿袭人与自然的古老法则耕种、纺织、狩猎，依自然农法种植作物、照顾动物，依从大自然的秩序自给自足。庄园提供的食材，都是完全不施化肥、不喷农药的有机食材，很多采摘后不用清洗就可直接食用，非常新鲜、地道，但每一道菜肴的制作却独具匠心，极为精致、时尚，富有特色。经过多年经营，目前不老部落是台湾原住民对外观光发展中最受好评的部落之一，吸引了世界上众多游客关注。但为了保护庄园的生态环境，不老部落严格控制每天观光人员数量。游客们在庄园中虽然只能停留短短的数小时，但却可尽情地品米酒、啖美食，欢歌笑语，享受大自然，完全抛弃俗世的烦恼，进入“不老”的境界。薰衣草森林庄园，则是台湾的 2 位厌倦了城市生活的女生，用爱打造的梦幻庄园。她们选择在环境优雅、远离城市喧嚣的地方，凭借自己的双手开辟出一片庄园，种上花色艳丽、香气扑鼻的薰衣草，自己动手提取各种香精，制作各种精油香皂。其鲜明的特色，不仅引来众多游人参观，其产品也受到众人“热捧”。因为生意红火，目前该庄园在台湾的乡间开设了多家分店。还有位于桃园观音乡的“青林农场”，种有来自世界各地的数十种向日葵，除免费观赏外，游客在这里还可品尝到农庄特别开发的向日葵花茶以及向日葵蒸饭、葵花油鸡、葵花卤蹄膀等向日葵大餐；“波的农场”则专门种植猪笼草、捕蝇草、毛毯苔、瓶子草等食虫植物，数量达 2 万余盆，游客在农场解说员的引导下，可以亲眼观看到食虫植物的秘密；“宾朗蝴蝶兰观光农园”主要种植从各地收集到的蝴蝶兰，在这里游客可以看到高雅美丽的蝴蝶兰从组培幼苗直到开花全过程；“花开了休闲农场”则专门种植珍贵的树木与奇花异草，环境清新优雅，让人流连忘返。

3. 因地制宜，不断创新　台湾的生态农庄，在建设过程中汲取了不少老子的道教思想，特别注意发现、挖掘当地特色资源和本土历史文化，讲究因地制宜，顺其自然，师法自然，道法自然，而不是墨守成规，复制照搬，更不是依靠人力或者机械的力量去改造自然。建设的方案多种多样，有的地方建议种花，有的地方建议种草，有的地方建议搞生态养殖，有的地方建议加强生态保护将来供游人参观，在建设上尽量做到就地取材，科学利用，点石成金，用最小的代价发掘、彰显出当地的个性与特色。

充分发挥大脑的思维与想象力，注重创意与创新，也是台湾生态农庄一大特色。例如位于台湾新竹关西的金勇 DIY 休闲农场，坚持每年都从国外引进十余种最新的番茄、彩色甜椒、水果玉米等特色蔬菜，目前仅大小、形状不一，色彩缤纷艳丽的番茄，就种植有数十种之多，在这里游客可以购买到“联合国番茄礼盒”，每盒内 26 个不同品种、16 种不同颜色的番茄，让游客一次就可观赏、品尝到来自世界各地的番茄。由于创意无限、创新不断，台湾的不少农庄，游客参观多次后仍然有耳目一新的感觉。台湾农庄赚钱是靠头脑、靠创意、靠创新。正因如此，才使台湾的生态农庄各具特色，而且常去常新。

4. 做精做透，以质取胜　台湾的生态农庄，多以“小而精”取胜。他们不刻意追求农庄的面积、规模，不一定非要种植多少作物，获得多高产量，产品有多大的批量，但非常注重精细管理，精深加工，融入创意，提升品质。有的产品甚至限量供应，量少质精，坚持以质取胜，以特色取胜。例如种植茶叶的农庄，有的只采一道春茶，然后将其精心加工、制作、包装，使其成为茶叶中的“极品”。其他时间则搞好茶园管理，让茶树健康生长，养精蓄锐，确保春茶品质上乘。有的农庄则利用溪流养殖红鳟、银鳟或其他观赏鱼类，游客可以在农场购买饲料喂食、嬉戏、体验、观赏，鱼却并不对外出售。如此做法，反倒吊足了游客的胃口，吸引了众多游客慕名而来，不仅保持了产品持久旺盛的生命力，也最大限度地降低了资源消耗，保证了良好效益。他们这种做法，非常符合台湾山多、地少、面积小，不适合大规模、机械化耕种这一实情。反观我们抓农业产业，无论是山区还是平原，总是把面积、产量、产值作为重要的考核指标，总想“做大做强”，以规模论“英雄”，却忽视了实际效益；总想在单位面积上创造出更高的产量，却忽视了土壤、茶园也需要“休养生息”；总想售出更多的产品，却忽视了对资源的过度消耗和对环境的压力。这些对山区而言，既缺乏竞争优势，也不利于持续发展。而台湾的生态农庄，通过深挖特色、扬长避短，有效地避开竞争；通过做精做透、提质增效，实现资源节约、持续发展。此种发展方式，非常值得与台湾情况类似的山区参考、借鉴。

5. 注重口碑，就地销售　由于规模不大，所以台湾的生态农庄，非常注重产品的“口碑”而不是“品牌”。他们认为，“口碑”比“品牌”更重要，因此他们宁可将更多的精力，放在保证产品质量上，放在让顾客满意上。为保证产品安全营养，他们严格控制化肥、农药、除草剂的使用，宁可增加投入、牺牲产量，也要保证产品质量；为了让游客品尝到口感最佳的产品，台湾很多生态农庄免费对游客开放，目的是吸引游客自己到农庄购买最新鲜、成熟度最适宜的农产品。台湾的生态农庄大多建在偏远的郊区，吸引游客自己到农庄购买产品，实现产品就地销售，不仅有利于保证产品的质量，还有一大好处就是农庄可以免掉一大笔销售费用。我们打一个比方：农庄生产的土鸡蛋，如果游客自己去购买，既可保证鸡蛋的真实性与新鲜程度，又可省掉将鸡蛋拉到市场销售的运输、破损、营销等费用。如果将鸡蛋贴上标签或标明品牌外销，贮藏时间过长或保管方法不当，就有可能变质。如果产品几经转手，最终的消费者就会认为，是该农庄的产品质量没有保证。金杯、银杯不如百姓的"口碑"，"品牌"做不好，会毁掉多年积累起来的"口碑"。而我们现在许多企业，宁可花费巨资做广告、争虚名，打造品牌、树立形象，却不肯在产品质量上多下真功夫；总想把产品销得很远，最好出口到国外，却忽视了本土市场的开拓，实在是舍本逐末、舍近求远。

6. 强调参与，寓教于乐　台湾的生态农庄，不仅设法吸引游客前往观赏、购买产品、享受服务，更注重游客的参与和互动。很多农庄都设有采果区、烤肉区、游戏区、垂钓区、农耕体验区、手工制作区等，游客在农庄服务人员的指导下，可以自己动手享受耕种、管理、采摘、喂养、加工的乐趣，品尝到亲手烤制的地瓜、土鸡等，或者利用农庄提供的材料，自己加工制作各种特色产品。有的农庄还经常举办与农业有关的知识讲座、趣味比赛，许多学校将这些农庄作为户外教学场所，还有不少家庭周末专门到农庄度假。人们在这里不仅可以避开城市的喧嚣，充分地放松身心、亲近自然，尽情地游玩、休闲、娱乐，还可学到不少在城市里和课堂上学不到的知识，因而很受欢迎。

除以上特点外，台湾的生态农庄在科学规划、合理布局，依托资源、差异发展，与时俱进、不断创新，产研结合、周到服务，政府扶持、民间拉动，网络营销、宣传推介，示范带动、强农富民，回报社会、合作共赢等很多方面都有独到之处，值得我们学习与借鉴。

第四节　科技型家庭农场经营管理

偌大的精品草莓园里蜜蜂飞舞，20 多个钢架塑料大棚内，安装着浴霸“太阳灯”，挂着温度计。点点泛红的草莓点缀绿叶间，清香四溢。“2012 年，种草莓收入达 24 万多元，平均每 667 米^2 收入 1 万元以上。”日前，江山市圣前家庭农场场长马圣前一脸喜气地相告。

马圣前家住廿八都镇浮盖山村，1988 年初中毕业后便到温州打工。2010 年他在温州街上买草莓时，认识了在温州种草莓的建德人毛师傅，与毛师傅交上了朋友，了解到种植草莓收入不错，产生了返乡种草莓的念头。

2011 年 8 月，马圣前回到老家，从江山农村合作银行贷来 6 万元，共投资 10 多万元，到贺村镇高路村流转来 0.4 公顷地种起草莓。刚种下 1 个多月，100 多株草莓苗就枯死了。马圣前连忙打电话向毛师傅请教，治好了草莓苗的霉根病。这一年，他种草莓收入 4 万元左右。

“种草莓科技种植是关键，品牌优良至关重要。”马圣前相告，第二年，他淘汰了产量低、品质一般的常规品种，精选“红艳”、“香蕉”两个优质高产品种，并从建德一草莓苗圃购苗，确保质量。种植时，施用菜籽饼和鸡粪等优质有机肥作基肥，并在每个大棚内养一箱蜜蜂。“别小看这些‘小精灵’，它们可是授粉的‘行家里手’。”马圣前说，蜜蜂授粉可大大提高草莓产量及品质。为解决冬季日照短、温度低的难题，马圣前又在每个大棚内安装了三四只浴霸“太阳灯”，补光增温，并在大棚内配备温度计，随时掌握草莓所需适宜温度。

由于马圣前选用优质高产品种，又积极运用科技种草莓，舍得投入，他种的草莓不但果大均匀，色泽红艳，且肉质细嫩口感好，十分畅销。“多的一天可卖草莓 100 多千克。”2012 年，0.4 公顷草莓收入 5.5 万多元，平均每 667 米^2 比上年增收 2500 多元。

2012 年，马圣前又投资 20 多万元，草莓种植面积扩大到 1.6 公顷，并成立了江山市圣前家庭农场，种草莓收入达 24 万多元，平均每 667 米^2 收入 1 万元以上。今年，他计划采用“草莓＋西瓜”种植模式，争取进一步提高经济效益。

第六章 家庭农场典型案例分析

第一节 国外经营案例

一、美国种植家庭农场

仅占全国人口1.8%的美国农民，不仅养活了近3亿美国人，而且还使美国成为全球最大的农产品出口国，世界各国粮食进口总量的一半来自美国。

华盛顿外国记者中心一位官员说，“华盛顿并不代表美国，如果没有到过广大农村地区，那就不算是了解了美国”。我们将为大家介绍的是一家位于北达科他州河谷市的家庭农场，农场的主人是格雷格和玛茜夫妇俩，看看他们农场是怎么发展的。

(一)如何种万亩地

一个人耕种1 214公顷的土地，听起来简直像天方夜谭。但是在格雷格的农场这却是活生生的现实。那些让人眼花缭乱的农业机械每一个都有自己特定的用场，正是这些宝贝玩意儿把格雷格从繁重的体力劳动中解脱出来，他所做的无非就是指挥这些机器去完成农场几乎所有的田间工作。

格雷格在他的仓库里有一台“神秘武器”——安装了GPS全球卫星定位系统的大型拖拉机。指着驾驶舱内的仪表盘，格雷格说，这套系统是他2013年春天买来的，价值2 500美元，外加自动驾驶装置，共花了7 500美元，他早上刚刚把这套系统装到拖拉机里，眼下正在温习说明书呢。

格雷格说，这种拖拉机由电脑控制，由卫星导航在田间作业，根本无须人工操作。更重要的是，传统拖拉机在人工操作下很难精确耕作，耕地时，前后耕作的土地往往会有部分重叠或者出现漏耕。发生重叠会费工费时，浪费能源；出现漏耕便会影响播种质量。而利用GPS全球定位系统，这些问题都迎刃而解。更奇妙的是，这种系统有数据交换功能，可以一边工作，一边与附近的农业科技中心交换数据，并立即据此由机器自动调整工作参数。

在使用GPS全球定位系统方面，格雷格算是后来者。实际上，已经有20%的美国农场开始用直升飞机进行耕作管理，很多美国中等规模的农场和几乎所有大型农场都已经安装了GPS定位系统。该系统不仅可用于耕作和收割，还可以用于牛只识别和追踪。

一个家庭农场要耕种数百乃至上千公顷土地，农户几乎家家都有康拜因收割机、播种机、拖拉机等大型农用机械。拖拉机驾驶舱内有卫星导航系统，后面的拖斗里可以放入种子或肥料，自动播种、施肥。

美国"粮仓"艾奥瓦州的农业场景成为美国现代化农业的一个缩影。由于地域广大、人口相对稀少，农户散居在各处，美国农村乍一看有点像在孤岛上生存。但是，发达的科技与交通帮助形成了美国完善的社会化服务体系，在此基础上形成的美国农业模式，成为各生产环节都有依托的现代化行业经济。

(二)国家机构全面支持

在美国，统领农业社会服务体系的有农业部下属的农场服务机构、农产品外销局和风险管理机构。

农场服务机构的使命是以市场为导向，使美国农业在经济、环境健康的情况下，提供充足、安全的食品、纤维，维持高质量的农业社区。风险管理机构确保农民拥有应对农业风险的金融工具，该机构通过联邦农作物保险公司提供保险，同时通过改善农业经济稳定推动国家福利。联邦农作物保险公司负责为美国上百种作物和牲畜保险。这样,作物保险购买者,能够在保单上列出的所有自然因素引起的损失领域得到承保;没有保险的农户,会得到农场服务机构提供的非保险作物灾害援助计划,在自然灾害引起收成减少、存货损失、种植受到影响的情况下,得到财政援助。

从表面上看,格雷格似乎很富有,但实际上他每年能够赚到自己腰包的钱并不多。由于化肥价格上涨,加之油价飞涨,还有高科技方面的高投入以及天气和国际市场等因素,农场的利润实际很薄。格雷格说,他每年在农业上的投入高达 39 万美元,收入大约 40 万美元,两项一抵消,年利润只有 1.8 万美元左右。

格雷格说,之所以还能够赚到 1 万美元左右的年利润,是因为美国联邦政府对农业进行了补贴。如果联邦政府取消对农业的补贴,他的农场也就只能维持一个不赔不赚的局面。

美国农业补贴的集中度很高,90%以上的农业补贴集中在大约 20 种农作物中的 5 种:小麦、大豆、玉米、大麦、棉花,这有利于提高大宗农产品的市场竞争力。由于补贴与农作物的面积和产量挂钩,大农场主便成为农业补贴政策的最大受益者。据美国农业部估计,目前大约 30%的大农场获得了大约 70%的补贴。这不仅使农业补贴政策操作起来更简便集中,也有利于提高大农场的生产规模和竞争力。

美国对农产品的补贴实行全过程全环节补贴:一是休耕补贴。为了控制农产品供给,避免农业出现生产过剩、农民“增产不增收”的局面,美国对部分农产品实行“休耕”政策,由政府对休耕造成的损失进行补贴。二是生产补贴。政府对补贴范围内的农作物按面积和产量进行补贴。三是储备补贴。政府通过提供储存费以及无追索权贷款,鼓励自愿参加储备计划的农场主将部分谷物存储起来,使市场保持一种供需平衡。四是出口补贴。美国政府为了拓展海外市场,对小麦、玉米、大豆、棉花等主要农产品给予出口补贴。

美国农产品补贴措施多样，归纳起来主要有 3 类：一是支持性收购，类似于中国的粮食保护价收购政策。二是差价补贴，即事先确定一个目标价格，然后按照目标价格与实际的平均市场价格之差进行补贴。三是直接补贴，又叫“不挂钩补贴”。

美国的农业补贴政策给美国农民带来了巨大的实惠，提高了农民的收入，缩小了城乡差距。由于补贴政策提高了农产品的市场价格优势，使美国农产品能在国际市场上以较低廉的价格获得竞争优势。美国之所以能成为世界头号农产品出口大国，很大程度上靠的就是补贴。

(三)产业协会有力引导

在艾奥瓦州，农业各产业协会的作用无处不在，协会设立网站提供政策、贸易、天气、市场、病虫害防治、新品种等实用信息，适时更新，服务农民。由于协会管理层由农民直接从同行中选举产生，其活力和效率非常明显。

农民可以通过这些产业协会了解很多关于农业的信息，对农业发展来说，以前的决定因素就是天气，一年风调雨顺就可以给农户带来丰厚的利润和回报，如果天气不尽人意，一年中经历几次自然灾害，便会给农户带来不可估量的损失。产业协会将农户的利益与自身的利益联合起来，农户不是孤军奋战，背后有产业协会进行支持。从种植养殖政策、贸易的各方面的政策、市场变化的各方面的政策等方面给农户提供最实际的帮助，来进行农业发展的有力引导，保证农户的最基本收成，这样才能保住产业机构的收益，总之，有了产业机构的有力引导和支持，农户发展家庭农场的经营更是多了一份保障。

(四)知识农民科学种田

在美国，知识型农民使现代化农业设施更好地发挥了作用。艾奥瓦州许多农民都受过大学农业专业教育，他们更容易接受新知识，并愿意运用电脑、智能手机、互联网等手段交流行业信息，了解市场需求。

与此同时，美国农民十分注重科学种田，通过科学的农田管理方法，在提高产量的同时减少对环境的影响，增加农田肥力。

通过看报了解信息在信息化时代已经有些过时了。相比之下，格雷格更喜欢上网。他家里楼上楼下都有电脑，而且都能上网。跟城市居民大多通过电话线或者有线电视上网不同，格雷格家里采用的是“卫星连接”，每月付费65美元。格雷格说，这些与网络连接的电脑在他的农场里派上了大用场：进行牛的饲料配方，配方可达数十种；将每头牛的信息输入电脑，进行全程动态跟踪；控制粮食的干湿度和仓库温度；监测土壤的盐分、酸碱度、温度、成分等，识别杂草和病毒；计算粮食种植量以及杀虫农药的剂量；进行财务决策；了解每天农场当地的天气状况；使用全国各地的政府农业中心、大学、科研院(所)和图书馆里的数据库，获得关于产品价格波动、品种改良、新型农业机械、动植物病虫害防治等方面的最新数据；浏览期货市场每个月的行情，并据此做出是否卖出粮食的决定。据格雷格介绍，他的农场附近有好几家国际型粮食收购和出口公司，每天都对外公布芝加哥期货市场的粮食价格，以及大豆、玉米等粮食的收购价格，他家里的电脑都与之联网，一旦觉得价格合适就可以向其出售。

到这里，大家应该会好奇，这样的新型农业发展的形式，会给农户带来怎样的生活和收益呢，会不会还没有传统农业带来的生活质量好呢？下面我们来了解一下这个农场的生活。

格雷格的“家”看上去跟美国城镇里的大多数私人住宅没有任何区别。房子共分两层，一楼最显眼的是宽大的厨房。所有的器具设备看来，只要是这个世界上有的，在这个农民家里就一样也不缺少。一大一小两只咖啡壶，大的足够20人享用，格雷格说这是在开派对时用的，小的则是自己家里小范围使用。最让人感兴趣的是电动垃圾处理器。格雷格说，这台机器能将大量的生活垃圾进行压缩处理，可以容纳的垃圾比正常情况下多好几倍。厨房操作台上摆着一部电话，电话旁边是一部 CD 播放机，格雷格说，玛茜喜欢边做饭边听音乐。

坐在餐厅里，一边喝着格雷格送上来的饮料，一边透过玻璃窗观赏窗外的风景。突然几十只梅花鹿闯入了的视线，它们成群结队嬉戏跳跃，很快它们那矫健的身影就消失在田野里。格雷格说，那些都是野生的鹿群，他已经见惯不惊了。

与客厅相连的部分是格雷格的办公室，里面是全套的现代化办公设备。一台电脑使用卫星连接方法上网，电脑旁边是三合一打印机和传真机。在这个过厅里还陈列着一台孩子们用过的老式钢琴，仿佛可以听到二十几年前格雷格的孩子们弹出的叮叮咚咚的琴声。

用水洗手，发现这里的水不太一样，有点滑腻的感觉。格雷格说，他们使用的不是城市里"肮脏"的自来水，而是请专门的公司从当地的水井里抽出来的"纯净水"。感觉美国农民的居住和生活条件甚至超过城市，格雷格开玩笑似地反问，"我们（农民）为什么要受苦受难？"

二、巴西烟草家庭农场

巴西农业资源丰富，发展潜力大。全国农地面积 3.549 亿公顷（其中：耕地面积 7 670 万公顷；牧地面积 17 230 万公顷；林地面积 9 990 万公顷），现有耕地面积约 7 670 万公顷（其中在用耕地面积约 6 300 万公顷），有 1 亿公顷潜在耕地（不含环境敏感区）可供机械化生产。2009 年粮食播种面积 4 700 万公顷，粮食总产 13 330 万吨。巴西农业经营主体是商业农场和家庭农场。20 世纪 80 年代巴西提出"家庭农业"这一概念。按照巴西国家家庭农业法的界定，家庭农业是指：一是农场面积不超过 4 个征税单位，巴西农村土地税以一定的土地面积作为征税单位，称为“财政模”(fiscal module)；二是农场的经营和投资主体具有血缘关系或婚姻关系；三是多数农场作业由家庭成员共同完成，并且家庭成员间提供的劳动量大致相等；四是农场生产资料所有权属于家庭。2006 年农业普查显示，全国农场 517.5489 万个，包括商业农场，其中家庭农场 436.7902 万个，占 84.4%。商业农场占用 75.7% 的耕地。家庭农场占用 24.3% 的耕地，农场平均面积小于 10 公顷，农场就业工人 1 230 万人，占农村劳动力的 75%，生产了全国食物供给的一半以上，贡献了 38% 的国家农业财政收入，约 252 亿美元。

(一)巴西烟草生产概况

巴西位于南美洲的东部，东临大西洋，属热带、亚热带气候，国土面积 854.7 万千米^2，约占南美洲总面积的 46%，为世界第五大国家。巴西为联邦共和国，行政区划为 28 个州，下设县市，葡语是官方语言。巴西人口 1.7 亿，居拉美首位，世界第六位，其中，农业人口约占 15%。巴西重视外向型农业的发展，农业是巴西经济的重要支柱，约占 GDP 的 35%，农产品出口创汇能力很强，是世界第六大农产品出口国，主要农产品有大豆、咖啡、烟草、蔗糖、肉类等；小麦、大米依赖进口。

巴西幅员辽阔，土地宽广，自然条件优越，造就了烟草得天独厚的生产优势。巴西全境森林覆盖率高，植被保护完好，土地肥沃，一般为沙壤土和沙土，有机质含量 1%～3%，pH 值 5.0～6.3。烟区年降水量 2 000 毫米，烟草大田生产期间降水量 1 000 毫米左右，且分布均匀，全年平均温度为 18.1℃，最热月平均温度 21.8℃，最冷月平均温度 15.3℃，全年基本无霜，无明显的寒冷冬季，适宜烟草生长的季节较长。

巴西烟草种植主要分布在南部的 3 个州，占总量的 95% 以上，其中大河州(又名里奥格兰德州)占 50%，圣特卡塔琳娜州

(SantaCatarina)占33%,巴哈那州(Parana)占13%。近年来,巴西烟草年种植面积稳定在42万公顷左右,总量约86万吨,涉及16万户家庭农场,其中,南大河州8万户、圣特卡塔琳娜州5.7户、巴哈那州2.3万户,户均种烟2.6公顷,平均单产2 047千克/公顷,烟叶每千克售价4.56雷亚尔(约合人民币17.1元)。

巴西1969年开始出口烟叶,随着科技进步,烟叶质量有较大幅度的提高,出口量也不断增加,1993年巴西烟叶出口量跃居世界首位。目前,巴西烟叶生产量居世界第二位,出口量居世界第一位,烟叶年出口量占世界烟叶贸易量的40%,占其总产量的80%,出口的主要市场是欧洲、亚太、北美、拉丁美洲、非洲和中东,年出口额达18亿美元,烟叶出口是巴西出口创汇的主要来源之一。

巴西烟草种植和经营全部由跨国烟草集团和私营烟草公司来运作,最大的5个公司分别为苏萨·克鲁兹(SOUZA CRUZ,英美烟草公司所属)、环球(UNIV ERSAL)、德孟(DIMON)、大陆(TRANS—CONTINENTAL)和巴西联合烟草公司(ATC),五大公司占巴西烟叶交易量的80%以上。巴西境内有5家卷烟厂,苏萨·克鲁兹公司拥有2家,卷烟市场占有率81%,菲莫公司拥有1家,市场占有率7%,剩余为其他公司共用占有。

(二)巴西现代烟草农业模式

巴西政府不直接参与烟草生产的组织管理,主要由烟草公司运作,烟农协会参与,实施"公司+农户"的管理模式。巴西的生产基础,我们与之不同;他们的运作模式,我们也与之不同,但是他们在烟草生产中的许多做法和宝贵经验,的确值得我们学习和借鉴,通过实地参观,深入了解,主要有以下几点。

1. *种植布局实现规模化* 巴西烟草规模化种植体现在两个方面:一方面,区域规模化。全国烟叶产量的95%以上集中在东南部的南大河州、圣特卡塔琳娜州和巴哈那州,这3个州分别占全国总量的50%、32%和13%。另一方面,生产规模化。目前,巴西烟草种植面积42万公顷左右,有16万户家庭农场,户均种烟2.6公顷,约占烟农平均拥有土地17.5公顷的15%,户均烟叶产量5 320千克,户均种烟收益2.4万巴币(折合人民币9.1万元)。烟草规模化种植的实施,使生产主体与资源优势得到了有机结合,种烟收益实现了最大化。

2. 生产过程实现生态化　巴西政府、烟草公司和烟农对农业生态环境保护、耕地用养结合的意识很强。一是鼓励烟农对耕地进行轮作。主要轮作方式有:烟草—玉米—牧草—烟草;烟草—大豆—牧草—烟草。玉米秸秆直接还田,增加土壤有机质;牧草常种的是ORS,可作饲料,也可作绿肥使用。二是推广免耕或少耕法。尽可能减少对土壤的翻动和土壤结构的破坏,增加土壤的覆盖和有机质的积累,减少土壤流失,涵养土壤水分;同时,还可减少烟用劳力投入。三是大力倡导病虫害综合治理(IPM)。自20世纪80年代以来,巴西各大烟草公司大力推广使用抗病品种和生物农药制剂,减少化学农药的使用次数和用量,充分发挥自然生态系统的调控作用,减少农药残留,提高烟叶的安全性。

3. 技术运用实现科学化　巴西烟草生产有一套先进技术和技术推广体系。例如,在品种上,由苏萨·克鲁兹公司遗传育种中心、布菲金种子公司和德孟公司育种中心3家承担育种任务,围绕市场确定育种目标;种植品种多样化,满足市场对多种质量特点烟叶的需求;全面推广烤烟杂交种,充分发挥杂种优势。在育苗上,全部采用漂浮育苗技术。在施肥上,一律采用测土配方施肥。烟草公司对栽烟土壤每3年免费监测1次,每4公顷取1个土样,并建立土壤信息档案,跟踪土壤肥力变化,及时调整施肥量;科研部门根据烟株营养需求和需肥规律提出施肥方案,所需肥料由厂家生产专用肥料直接供应。此外,大田移栽、田间管理、采收与烘烤都有严格的操作规程(GAP),以保证烟草整体生产水平的不断提高。

4. 田间操作实现机械化　为了降低生产成本，主要人工费用，巴西在烟草生产上，注重作业机具的创新、研发和推广。目前，在耕作、管理、烘烤等环节基本上实现了机械化、自动化。生产上使用的起垄施肥机、移栽器(机)、绑烟上竿缝纫机、简易的托盘剪叶器、剪叶机等，大大提高了工效，降低了劳动强度和生产成本，特别是在烤房上安装的温湿度自动报警器和恒温自动控制装置等，准确调整和控制烘房内的温湿度，保证了烘烤质量。

5. 组织模式实现社会化

第一，发挥烟农协会的核心作用。巴西烟农协会是国际烟农协会的成员之一，是由烟农自发成立的社会性民间组织，目前已有90%的烟农入会。烟农协会代表烟农与烟草公司共同商定烟叶收购价格，协调解决烟农与烟草公司之间的烟叶等级争议和合同纠纷等；给烟农提供灾害保险，为遇到重大困难的烟农提供资金支持和帮助；向烟农提供优质廉价的物资供应，如化肥、农药、农具等；进行烟草生产成本调查，协调烟农意见，代表烟农利益参与有关事务。

第二，发挥烟叶价格的杠杆作用。每年在烟叶收购价格谈判前，烟农协会、烟草贸易协会(代表烟草公司利益，现成员由14家烟草公司组成)双方都要独立进行烟草生产成本调查，调查是按照规定的方法和程序进行的，测算出平均生产成本和平均边际利润，在此基础上，双方在政府的指导和监督下协商制定新的年度烟叶收购价格。这样，比较好地兼顾了双方利益，一方面烟农可以获得比种植其他作物高几倍的收益，使烟农有种烟积极性，并愿意按照烟草公司要求提高种植水平和烟叶质量；另一方面，巴西烟叶在国际市场上有价格、质量的竞争优势，使烟草经销商获得丰厚的经营利润，可以说价格机制是烟农和烟草公司双赢的结果。

第三，发挥产购合同的约束作用。巴西各个烟草公司每年都根据国外烟叶市场需求和烟叶库存量，拟订下年生产计划，包括种植面积、产量指标、质量指标及生产技术，把任务分解到各个产区，然后再分别落实到农户，烟草公司直接与烟农签订产购合同，明确双方责任和义务，建立了紧密型的合作关系。公司根据农户的土地、劳力、烤房设施和技术水平，选择签约农户；农户则根据服务质量和技术指导水平选择签约公司，实施双向选择，提高合同的执行质量。烟农按合同规定和技术要求种植烟草，烟草公司必须依级按价收购烟叶。个别合同纠纷由烟农协会及时帮助调解，很少进入法律程序。

6. 保障机制实现多元化　巴西为了有相对稳定的种烟农户、相对稳定的种植规模，建立了较为完善的烟草生产保障体系，以解决烟农后顾之忧，除上面提到过的烟草公司在物资供应、资金信贷、无偿服务等方面外，巴西还健全了技术推广体系和社会保障体系。

第一，具有完备的技术推广体系。烟草公司每个技术包干负责100～150 户烟农，总面积约 340 公顷，包括与农户签订合同，进行技术指导，技术措施落实。技术人员每年要访问每个农户 6 次以上，帮助解决技术难题，并取得农户的签名承认，烟农有问题可随时电话联系，对技术人员服务不满的，可向公司投诉；烟草公司还派出巡视员监督技术措施的落实，发现问题及时纠正；每年对烟农培训 2～3 次，并召开技术研讨会，相互交流经验，提高烟农技能。

第二，具有健全的社会保障体系。因为烟草生产风险大，主要是冰雹袭击、烘烤房火灾等，保险公司不愿意承保。巴西烟草保险是由烟农协会承担，烟农按当年种烟收入的 1/30 交纳保险费，如因自然灾害遭受绝收损失，烟农每株烟可获得相当于 60 克 BO1(上部一级)烟叶价值的赔偿。如当年受灾害损失，则烟农在第二年只需交 50％的保险费。

第三，具有多项的辅助保障措施。例如，烟农人身伤亡保险、养老保险等。为培育职业烟农，烟农交纳烟叶交易额的 2％作为养老基金，60 岁之后便可享受社会福利保障，彻底解决烟农的后顾之忧。此外，由于巴西通货膨胀率高，烟草公司还为烟农提供一些通货膨胀补贴，减少烟农的损失。

(三)巴西的“家庭农业计划”

20 世纪 90 年代中期，巴西实施“加强家庭农业国家计划”，以保障农户生产的长期利益，相关政策措施包括信贷补助、生产技术援助等。“零饥饿”计划实施以后，巴西加大对家庭农业的支持，主要措施如下。

1. 粮食收购　2003 年联邦政府实施了直接针对家庭农场的“粮食收购计划”，通过国家粮食供应公司以市场价格直接向家庭农场收购粮食，所购粮食主要用于减贫。该计划还规定，学校必须分配 30%的食物支出预算直接从家庭农场采购食物。2003—2008 年，联邦政府共支出 10 亿美元，收购粮食近 200 万吨。2008 年收购了近 12 万户农户的产品发放给 1 680 万贫困人口。2009 年粮食收购计划的预算近 3 亿美元。粮食收购计划促进了家庭农场生产，自实施以来，农户耕种面积有所扩大，农产品多样化、生产和劳动力投入以及农户对质量控制的重视程度等方面都有提高。

2. 价格保证　2006 年实施的“价格保证计划”：一是确保农户在摊还信贷期间或面临破产的情况下其产品有一个保证价格，一般是该地区生产成本的平均值。目的是减少负债农户的风险，促进农户增产和收入增加。二是提供补贴。如果产品的市场价格下跌，跌幅超过保证价格的 10%时，农户将获得补贴。

3. 农场保险　2004 年实施的“农场保险计划”，其中一个重要政策是帮助农户从商业银行获得经营资金的贷款，政府向银行保证，因灾害(干旱、洪涝、冰雹、风毁、病虫害或瘟疫)导致农场总收入减少超过 30%时，将承担还贷责任。2007 年该计划覆盖了 20 种农产品，参加农户 60 多万户。保障家庭农场收益的措施还有 2003 年开始实施的半干旱地区作物“收益保证计划”，针对非灌溉粮食作物和棉花;2004年开始实施的“农村保险保费补助”计划,政府提供保费补助以激励农户购买商业保险和商业保险进入农村市场,2006年保费补贴范围扩大到所有农业作物、牲畜、水产养殖和林木。2008年巴西政府提出建立“巨灾保障基金”支持保险公司或再保险公司应对巨灾风险,以推动气候多变地区农业保险的供给。

4. *增加农业信贷*　巴西的农业信贷由国家“农村信贷系统”管理。“农村信贷系统”的资金来源有两种:一种是强制性地规定所有银行吸收的活期存款的25%要么以零利息存在中央银行,要么作为农业信贷发放,但利息必须低于市场利息;另一种来源是农村合作银行存款、国家开发银行和州一级财政资金。“农村信贷系统”信贷资金以优惠利息发放支持农业。

信贷分为3类:①农产品市场营销和存储;②农场运营资金;③农场投资。目前家庭农场可申请的信贷是第②、③类。自2003年以来,“农村信贷系统”分配给家庭农场的信贷份额逐渐增加,农场运营资金和农场投资信贷占信贷总额从2003年的12%增加到2007年的18%。2007年“农村信贷系统”信贷总额为512亿雷亚尔。目前“农村信贷系统”支持商业农场的信贷仍占大比重,仅农场运营资金信贷一项就占到信贷总额近一半。

(四)启示与建议

“他山之石可以攻玉”,先进烟区的做法启迪着我们的思想;“博观而约取,厚积而薄发”,先进烟区的今天昭示着我们的明天,结合我国烟区的实际情况,提出以下几点建议。

1. *优化种植布局,探索规模生产路子*　巴西烟草种植相对集中,且具有一定规模,使得资源要素与生产要素得到合理配置,而我们的烟区具有区域性和分散性的特点,生产规模小,集中度不够,使知识、资金、自然资源很难实现优化配置,使得烟区、烟农缺乏自我发展能力和市场竞争能力。因此,要适应烟草发展趋势和要求,大力调整种植区域,使烟草种植向烟农素质高、烟叶质量好、生产水平高的产区集中，重点把握好两个方面工作：一是建好基本烟田。根据河南省南阳市烟草生产恢复发展三年规划，全市建立基本烟田 3.3 万公顷，各县(市)、乡镇要依据本地烟草产业的发展规划，确立好基本烟田，并制定严格的保护措施。二是搞好土地流转。在烟草生产还没有完全市场化的形势下，县(市)、乡镇政府要发挥好烟草生产的组织协调作用，在基本烟田区域内，搞好土地流转的各种形式探索，尽快培育一批专业乡、专业村和专业户，提高烟草生产的专业化水平、组织化程度和产业集中度，形成准农场化规模生产方式。

2. 实施管理创新，探索"公司＋农户"经营路子　巴西"公司＋农户"的管理模式较好地解决了工业、农业和商业之间的关系。农业根据工业需求，生产高质量的烟叶，商业给农业以物资、资金和技术上的扶持，烟叶生产量、烟叶质量、技术措施、扶持办法等各项条款以合同形式签订下来，由烟农协会监督执行，双方都能遵守执行，改变了单纯的买卖关系，烟农得到了实惠，烟草公司得到符合需要的优质烟叶，是名符其实的"订单农业"，实现了双赢。目前，应在国家烟草专卖体制下，发挥市场调节作用，积极探索"公司＋农户"的烟草生产路子，使烟草公司与烟农形成利益共同体，烟草公司为烟农提供全程服务，烟农按烟草公司要求进行生产，并建立对烟农信用和等级考评机制；按照自愿互利、民主管理的原则，引导、扶持烟农成立烟农合作社，推行烟农自我服务、自我管理、自我约束的管理模式，形成烟草公司联合作社，合作社带烟农的发展路子；进一步完善烟叶产购合同，建立起烟农与烟草公司依靠合同联结起来的紧密合作关系。只有这样，才能做到计划种植，合同收购。

3. 依靠科技创新，探索质量特色路子　巴西烟叶多年来出口量稳居世界之首，主要原因是烟叶质量好而稳定，且能生产出具有不同质量特点的烟叶，满足市场需求，这除了自然因素外，一个主要的原因是，巴西把科技的综合运用贯穿于烟草生产的全过程。受此启发，南阳烟叶要想在激烈的市场竞争中占领国内市场，走向国际市场，必须大力开展自主研发、自主创新工作，不断引进、消化和吸收先进理论成果和技术，提高产品的科技含量，打造浓香型特色烟叶品牌，提高市场的核心竞争力。

首先，要产研相结合。与大专院校和科研院所建立长期的合作关系，利用科研单位良好的人力、科技资源作为技术创新的强大后盾。其次，要研发做孵化。组建并充实本地技术中心的软、硬件设施，立足自我，自主创新，搞好烟田连作障碍因素与对策、水资源利用与调控、提高烟叶产质、先进烘烤工艺等项目研发，突破我国烟草发展的“瓶颈”制约，为产业的持续发展提供技术与成果储备。再次，要推广促发展。收集、筛选、组装、集成、示范、推广国内外高新技术，实施烟草农业标准化生产（GAP），加快先进实用技术的转化应用速度，如漂浮育苗、土壤改良、合理施肥、科学采烤等，把科技对生产的贡献份额提高到一个新的水平。最后，要培训提素质。建立“金字塔”形的培训体系，强化技术人员责任和考核，彻底解决烟农素质偏低、技术应用不到位的问题。

4. 实施专业分工，探索减工节本路子　针对劳动力成本提高，烟草生产比较效益降低和烟草生产组织形式深刻变化的现实处境，必须不断改进烟草生产方式，紧跟现代烟草农业的发展要求，积极试点推广机械化作业机具的运用，推进生产手段由手工劳动为主向机械作业转变，引进和开发适合我国实情的中小型农业机械，并以此为基础组建机械化服务队伍，彻底降低劳动强度，提高劳动效率。对于烟用农机具的购置可实行农机部门和烟草部门共同补贴办法，由乡镇政府统一管理、集中安排、单机核算。同时，鉴于目前我国烟草生产从育苗到烘烤的各个环节，都是千家万户分开进行，不仅增加了烟农的劳动强度和技术难度，更不利于向现代烟草农业转型。要探索烟草生产方式由以分散经营为主向社会化服务转变，学习借鉴巴西等先进烟区的经验，结合我国实际情况，扩大集约化育苗、商品化供苗比例，推行烟草病虫害统防统治服务，推广专业化烘烤服务。

5. *注重环境保护，探索持续发展路子* 目前，我国烟区土壤地力普遍下降，有机质含量偏低，加之掠夺性开发经营，造成烟叶产量降低、品质变差，浓香型烟叶特色不明显。巴西在培肥地力，保护农业生态环境方面的做法，值得我们学习和尝试。为此，要引进抗病品种，从品种上解决病害问题，特别是病毒病、根茎类病害；要增施有机肥，协调土壤养分供应，解决化肥烟问题；要推广秸秆还田、种植绿肥、土壤免耕等措施，增加土壤有机质含量，培肥地力，改善烟田生态环境；要全面普及病虫害综合防治技术，提倡生物、农业和物理措施防治病虫害，减少化学农药的使用次数和用量，降低农药残留；要强力推行合理轮作模式和保护栽培措施的落实。

6. *健全保障机制，探索降低风险路子* 烟草生产周期长、风险大，属于农业生产中的弱质产业，烟农种烟承受着市场和自然的双重风险。因此，要从保护农民利益出发，建立烟草生产风险基金，资金来源由政府、烟草公司和烟农共同出资，由县（市）集中管理，专款专用，对冰雹、洪涝、干旱、病害等自然灾害造成烟叶绝收或重大损失的烟农进行一定的救助，稳定烟农种烟情绪；同时，对长期种烟的职业烟农，建立社会养老和医保机制，解决烟农的后顾之忧。

第二节 国内经营案例

一、浙江省海盐县家庭农场典型案例分析

为适应农业发展进入新阶段，推进高效生态农业发展和社会主义新农村建设，浙江省在“十二五”农业产业发展规划中明确指出了新时期我省农业产业化的发展方向和目标任务，紧紧围绕农

业增效、农民增收和建设高效生态农业，创新农业经营模式，在此背景下，随着浙江省农村土地流转的快速推进和农村剩余劳动力的大量转移，一些农业经济较为发达的地区积极探索新型农业经营模式，通过土地流转促进规模经营，兴办家庭农场，现已取得了初步成效。

(一)浙江省农业现状

浙江省素有“鱼米之乡，丝绸之府，文物之邦，旅游之地”之称，地处我国东南沿海，位于太湖之南，东海之滨，大陆海岸线 1 840 千米。境内有一条最大的河流——钱塘江，因江河曲折，故称浙江。全省土地总面积 10.18 万千米^2，约占全国的 1.06%，是面积较少的一个省份。其中：山地和丘陵占 70.4%，平原和盆地占 23.2%，河流和湖泊占 6.4%，地貌结构为“七山一水二分田”。

浙江地处中国东南沿海，是农业生产门类齐全、作物品种繁多的农业综合高产区域，素有“鱼米之乡、丝绸之府”之称。多样化的国土资源、多宜性的气候环境、多种类的生物资源、秀丽的山川风光、丰富的人文景观，使得浙江农业具有广泛的发展领域和发展潜力，能够满足现代社会对农业的多种功能的需求，十分适合多种作物的种植，多种畜禽、水产的养殖和观光休闲农业的发展。

浙江是一个农、林、牧、渔各业全面发展的综合性农业区域。茶叶、蚕丝、水产品、柑橘、竹制品等在全国占有重要地位。森林覆盖率达 59.4%，居全国前列。树种资源丰富，素有“东南植物宝库”之称。野生动物种类繁多，有 123 种动物被列入国家重点保护野生动物名录。农业主要产业有粮油、畜禽、蔬菜、茶叶、果品、茧丝绸、食用菌、花卉等。

1. 耕地资源　从 2003 年至 2008 年，浙江省年末耕地总资源总体维持在 300 万公顷左右，但在逐年减少。耕地总资源 2003 年为 306.45 万公顷、2004 年为 283.44 万公顷、2005 年为 77.84 万公顷、2006 年为 283.79 万公顷、2007 年为 273.96 万公顷、2008

年为 269.79 万公顷;常用耕地面积面积也呈减少趋势,不过变化并不比耕地总资源的变化大。我们可以看到在耕地资源有限的情况下,我们应该更加合理地去利用有限的资源,发展不同形式的适合当地发展的农业,创造更多的产值和收入。

2. *农机使用情况* 浙江省实现了从靠天吃饭、依靠人畜劳动力的传统方式向水利化、机械化、设施化的历史转变。新中国成立后的前 30 年,浙江农业依靠推进农田水利建设和农业机械化、良种化等技术改进,有效提高了农业生产力。改革开放以后特别是进入新世纪以来,农业机械化、设施农业进入快速发展期,极大地提高了土地产出率和劳动生产率。

浙江省农业机械拥有量总体在大幅度的逐年增加。其中大中小型农用拖拉机及其配套机具、农用排灌动力机械、农用水泵、联合收割机等设备均大幅度增加。我们引用了一个研究中的最新数据(表 3),可以很详细地看到浙江省的农机使用量变化。

表 3 浙江省农机使用量变化表

指 标	2004	2005	2006	2007	2008
农业机械总动力	2026.74	2111.27	2293	2331.63	2331.38
耕作机械动力	190.10	187.59	167.90	174.34	175.12
大中型拖拉机	4376	4482	5075	6036	5842
	12.67	13.09	14.93	18.12	19.74
农用小型拖拉机	19.93	19.75	16.65	17.03	16.62
	171.04	168.51	145.74	148.32	145.36
收获机械动力	235.07	243.52	282.56	282.85	265.42
联合收割机	12634	14173	13856	14837	15165
	25.70	32.82	33.04	41.67	44.51
机动收割机(割晒机)	373	397	514	349.00	228
机动脱粒机	126.59	127.16	147.56	145.36	131.25

续表 3

指　标	2004	2005	2006	2007	2008
植保机械动力	13.53	15.28	25.36	26.99	30.65
机动喷雾(粉)器	7.77	7.68	11.66	12.58	13.27
排灌机械动力	212.74	220.26	280.04	280.45	281.12
柴油机	7.90	8.56	8.70	9.01	8.74
	39.45	44.60	42.40	42.98	42.07
电动机	39.95	41.63	86.60	85.77	86.98
	171.76	173.87	231.79	231.70	232.04
农副产品加工 机械动力	154.03	166.21	139.89	142.05	136.66
粮食加工机械	12.87	12.87	12.56	12.66	12.80
棉花加工机械	0.56	0.99	0.39	0.40	0.32
油料加工机械	0.66	0.69	0.80	0.79	0.78
运输机械动力	617.18	635.73	551.81	558.22	542.90
渔业机械动力	411.39	404.24	425.16	438.68	436.70
机动船	4.97	4.83	5.05	5.03	5.02
其他农业机械 动力	192.70	238.44	420.28	428.05	462.80

3. 劳动力状况　劳动力是农业发展的重要方面。虽然近些年浙江省总人口在不断减少,非农业人口也在不断减少,但农业人口却一直处于稳定状态,并没有太大的变动幅度。2003－2008年,人口总数由 3 712.12 万人增长到 3 761.72 万人,并且劳动力正在向农村转移,且幅度不断上升。

(二)浙江省家庭农场发展现状

1. 浙江省家庭农场的总体数量与规模　从总体上来说,浙江省家庭农场的数量还比较少,集中分布在一些农业经济较发达的地区,如宁波的慈溪、绍兴、嘉兴的海盐等地;而且由于家庭农场的界定不规范，各地区在统计的时候，往往将种粮大户也算作家庭农场的一种形式(表 4)。

表 4　2009 年浙江省部分地区家庭农场的总体规模与数量

地　区	总经营规模(667 公顷)	平均经营面积	家庭农场的数量(户)
慈　溪	10	117.78	849
海　盐	0.48	186.53	26
绍　兴	0.87	72.14	120

数据来源:《2009—2010 浙江省统计年鉴》2010。

通过对以上数据的分析可以看出，浙江省家庭农场的经营规模较大，平均规模一般都在 6.67 公顷左右，比如浙江省海盐县已注册的 26 家现代农场中，单家家庭农场经营规模大多数在 6.67 公顷以上，最大的如海盐万好家庭农场，其经营规模接近 1333.3 公顷，最小的也有 6.67 公顷；家庭农场在这些地区所占土地规模经营面积的比例较高，比如宁波慈溪市，共有 3.33 公顷以上现代农场 435 家，6.67 公顷以上 362 家，33.3 公顷以上的 37 家，经营规模在 66.7 公顷以上的有 15 家，总经营面积达到了 6 667 公顷，占到该市土地规模经营面积的 45%以上。当土地达到一定规模，其规模优势就会显现出来，从而有利于开展规范化、高标准的生产与管理。但是浙江省山地多、平原少、人口基数大、土地比较分散的省情，以及土地流转不规范，相关制度与法律不完善等制约了家庭农场规模的进一步扩大，加上现有土地流转制度的不规范，给土地整理与连片增加了难度。

2. *浙江省家庭农场的认定标准*　从目前浙江省家庭农场的认定标准来看，还没有全省统一的认定标准，一般都是以土地经营面积及是否注册登记来作为家庭农场与普通农户之间的区别，而且也没有将设施农业的集约化程度考虑进去，对于家庭农场经营者的文化程度及农业经营知识也没有明确要求，在界定家庭农场时存在一定的模糊性和片面性。

总体来讲，浙江省家庭农场的认定标准还处在不断的探索与完善之中，海盐县和绍兴县为了进一步促进现代农业的发展，提高家庭农场的管理水平，促进家庭农场由单纯的规模型向质量效益型、生产经营的粗放型向现代化的农业生产精致型转变，为了提高家庭农场的市场竞争力，通过明确家庭农场的认定标准，建设标准化、示范化农场，在结合本县家庭农场发展实际的基础上，制定了比较规范的家庭农场界定标准。

下面就以海盐县和绍兴县家庭农场的认定标准为例（表 5），分析家庭农场应该具备的基本条件。

表 5　浙江省海盐、绍兴家庭农场认定标准

认定条件	海盐	绍兴
工商部门注册	依法登记注册	依法登记注册
注册资金	＞10 万元	＞10 万元
经营规模	种植业＞16.67 公顷	农畜养殖业等生产用地＞13.33 公顷；畜禽养殖猪、牛、羊等大中型动物年饲养规模达到 1 000 头以上；养殖业饲养规模要在 30 000 羽/只以上
	养殖业 3.33 公顷	
	设施蔬菜＞6.67 公顷	
	林业＞13.33 公顷	
	渔业＞6.67 公顷	
固定从业人员	＞2 人	＞=2 人
经营管理制度	有基本的财务核算和生产经营制度	有必要的农场管理和经营制度

数据来源：《关于创建家庭农场的实施意见》海盐，2011；《绍兴市家庭农场认定标准文件》绍兴，2011。

从以上两地的家庭农场认定标准来看，都包括了对农场注册资金、土地规模、基本的生产、生活设施以及经营管理制度这几项因素，而且都有比较具体的指标，在一定程度上为制定浙江全省统一的家庭农场认定标准提供了参考价值。但是基于浙江省各地区经济发展状况、人文社会环境以及自然地理因素有较大差别的现实状况,在制定家庭农场认定标准时,应该结合地方实际,在满足农场基本条件的基础上,要富有弹性。

3. 浙江省家庭农场的经营结构　通过近几年的发展,浙江省家庭农场的经营范围已经涵盖了包括谷物种植业,蔬菜种植业,水果种植业,园艺作物种植业,水产养殖业、家畜家禽饲养业等几乎所有农业生产门类。从总体上看,以谷物种植业和蔬菜种植业为主,各地区特色明显,如宁波慈溪市逍林镇,重点发展"设施农业"型家庭农场,嘉兴海盐县沈荡镇重点发展以蔬菜种植为主的家庭农场。下面就以海盐县家庭农场的经营结构为例,做具体的分析。

海盐县家庭农场以蔬菜种植为主要经营范围,其次是谷物种植和水果种植,这一方面反映出蔬菜种植的规模较大,经济效益较高,农场主愿意投入资金开展生产经营;另一方面也是由海盐较为优越的地理位置决定的,其交通便利,靠上海、杭州等大城市较近,降雨量丰富,农业基础设施较好,土地以平原为主,因此有利于蔬菜种植业的发展。

海盐县家庭农场的种植结构中,以单一蔬菜种植的农场所占比例较大,谷物与蔬菜、水果及其他农作物混合种植的比例较小。这种种植结构虽然有利于充分发挥土地的规模优势,开展标准化生产,但是也反映出海盐县大部分家庭农场的种植结构比较单一,种类缺乏多样性,生产的农产品,受季节因素、市场因素以及自然灾害因素影响较大,不利于降低市场风险,提高经济效益。所以,家庭农场在种植结构上,应该在实现规模化经营的基础上,结合自身发展状况,实行多样化经营,可以在种植粮食作物的同时,套种蔬菜、瓜果等作物,在有条件的地方实行立体化种植,也可以充分发挥生态与景观优势,发展"休闲农业",兴办"农家乐"等,增加兼业收入。

4. 浙江省家庭农场的扶持政策　家庭农场的发展需要良好的政策环境。总体上看，浙江省家庭农场发展较快的地区，政府对农场的发展采取了一些积极的政策，通过完善土地流转制度，加大补贴力度，实施税收减免等优惠措施加快家庭农场的健康发展。

从补贴政策上来看，家庭农场发展较快的地区对农场的补贴力度较大，如慈溪市为鼓励和支持发展设施农业，加大补贴力度，对规模较大的设施农业的补贴高达 50%。从补贴的情况看，土地流转补贴和农机购置补贴占有很大的比例，这是基于家庭农场在投入初期需要流转大量土地和采购农机的需要；同时，对农场改造优化农田水利设施给予一定的补贴，对购置生产农机具给予 30% 的政策补贴。

在资金和信贷政策上，通过对达到一定规模的新创办家庭农场的资金奖励和财政贴息，加大对农场的资金支持。例如，海盐县给予当年新成立、在工商部门登记注册，并且经营规模达到 6.67 公顷以上的现代家庭农场一次性奖励 1 万元，对超过 13.3 公顷以上的经营面积或农场投资额达到 200 万元以上的现代家庭农场，给予其融资资金 3%的财政贴息；对配套农业生产经营用房及初级农产品加工、包装、储藏等固定资产投资额超过 30 万元的，按实际投资额的 8%给予财政补助。

在土地流转政策上，通过建立和完善土地流转服务平台，积极推进土地承包经营权流转，鼓励农户以承包、转让、合伙、入股等形式开展土地流转，兴办家庭农场。例如，海盐县在 2009 年，成立了浙江省第一家县级农村土地流转和产权交易服务中心，将土地流转工作列为新农村建设各项工作的中心环节，通过加强领导，精心组织，优化服务，培育主体，有效推动了土地流转工作迅速取得突破。

(三)浙江省家庭农场经营模式

基于各地区区位优势和自然条件的不同，浙江省家庭农场在发展的过程中逐步形成了以下几种经营模式。

1. 家庭农场+专业合作社模式　家庭农场+合作社模式是一种以专业合作社为依托，将农业生产类型相同或相近的家庭农场集中在一起组成利益共同体，通过市场信息资源共享，农技农机统一安排使用，在农产品的产、供、销各个阶段，为社员提供包括资金、技术、生产资料、经销渠道等在内的社会化服务，实现农业产业化经营。这种模式被西方发达国家所广泛采用。它使农业产业链得到充分延伸，最大限度地实现了农民集体的共同利益。例如，慈溪市宝绿专业合作社就是以家庭农场为主要成员，通过与周边村民开办的家庭农场联合起来，组成了一个大型的专业合作社。该合作社不仅为农场提供生产资料、技术培训、市场营销等方面的服务，而且通过统一包装、统一品牌、采用电子商务等方式，建立起与大型连锁超市的合作，促进了家庭农场的快速发展和经济效益的提高。

但这种模式并非是普遍适用的，因为从目前浙江省专业合作社的发展状况来看，受制于资金、组织、技术和制度条件的约束，大部分专业合作社只能提供简单的技术、信息或营销服务，经营管理能力较弱，组织体系还很不完善，难以作为家庭农场的利益代言人，也就不能实现农场主的利益最大化。也就是说，这种模式比较适合实力较强的合作社，但对于资金、技术、服务能力较弱的合作社来说，此种模式并非是一种明智的选择。

2. 家庭农场+农业龙头企业模式　家庭农场+农业龙头企业模式是一种以家庭农场作为农业生产的一种单元，与农业龙头企业结合起来，开展“订单生产”，使得农业生产的灵活性与农业龙头企业在资金、技术、管理上的优势结合起来，既发挥了家庭农场的规模优势，又实现了农业龙头企业的产业化效益。农业龙头企业作为一种农业生产的集约化组织，在农产品的收购、经销、加工及储存过程中发挥着很大的作用，不仅有利于节约企业的运行成本，在一定程度上还有利于杜绝原料生产及收购等环节上可能出现的投机风险，从而能够降低成产成本，提高生产效率和经营管理水平，实现家庭农场与龙头企业双赢的局面。例如，慈溪市在发展家庭农场的过程中，积极促进家庭农场与农业龙头企业的结合，开展订单生产。目前，慈溪市共有各类农产品加工企业320多家，平均每年加工各类农产品达55万吨，是农产品的主要经销大户。在政府的鼓励和引导下，家庭农场纷纷与农产品加工企业合作，开展农产品专业化生产，如位于慈溪市桥头镇的绿基农场，通过加盟海通食品集团，农场生产的芽甘蓝、包心菜、萝卜、大葱等蔬菜，由海通食品公司收购、加工和出口，农产品的平均成交价格要高出市场价格10%～20%，平均每667米^{2}收入达到2 000元以上，农场规模效益明显。同时，由于实行了标准化、批量化生产，农产品的安全性易于掌控；通过农产品标识、产地等，对进入市场的农产品实行安全追溯，保障农产品的质量。但是，这种模式也具有一定局限性，基于资金和技术上的差别，家庭农场和龙头企业在市场上的地位并不对等，在市场出现大的波动时，合同也难以得到兑现，农民的利益也会受到危害。

3. 家庭农场＋专业合作社＋农业龙头企业模式　在实际的生产经营过程中，为了获得更好的经济效益，家庭农场往往会充分利用专业合作社的集聚效应，以及农业龙头企业的市场优势，实现三者的有机结合，也就形成了家庭农场＋专业合作社＋农业龙头企业模式。在实际的运营中以专业合作社作为家庭农场的发言人和谈判者，就农产品的收购价格与方式，时间及产品质量等与农业龙头企业达成协议，签订合同，保障农户获得比较稳定的销路和收益。在这种框架下，合作社成为农民组织化的核心形式，也就更加有利于农户从合作社和所属企业中获得更多的利益。

嘉兴市海盐县沈荡镇建立起“农业企业＋合作社＋家庭农场”的利益联结模式，以“订单”生产，“订单”销售的形式把家庭农场组织起来，通过与浙江万好食品有限公司和万好蔬菜合作社进行有效对接，将 20 家现代家庭农场与专业合作社和农业龙头企业联合起来，开展标准化生产，建立农产品质量追溯制度，推广市场营销理念，保障了家庭农场农产品的销路，实现了企业对加工原料的需求、合作社产品供应以及农场收入的稳定性。农场在生产前就与公司订立蔬菜购销合同，在种子供应、投入设施、采购等方面得到公司的帮助和供应优惠；在生产中，蔬菜专业合作社提供包括技术、管理、培训在内的多样化服务；在生产后，公司以保护价收购农产品。据海盐县农经局的统计数据显示，仅 2011 年一年，海盐县家庭农场就以“订单”形式销售蔬菜 5 160 吨，新增蔬菜种植面积 1333.3 公顷，经营总收入达到 258 万元。这种模式比较适合于专业合作社在配套服务、技术支持方面的能力较弱的条件下，依托龙头企业，可以更好地实现家庭农场的规模优势，提高经济效益。

从以上 3 种模式可以看出，浙江省家庭农场基于地区优势的不同，选择的经营模式各具特点，但总的来说还处于探索和起步阶段，家庭农场与其他产业之间的关系以及家庭农场的市场化运作与管理还有待进一步的完善。

(四)发展家庭农场面临的困难

1. 土地流转困难　当前制约家庭农场进一步发展的首要因素是土地流转困难。虽然目前浙江省有些农村地区，出现了农户土地转包与调整的趋势，但因市场机制的缺乏和“两权分离”制度的根深蒂固，这些地方的土地流转往往带有明显的滞后性、自发性和随意性。现行的土地承包制度在将土地耕作权承包给农户以后，相伴随的也将土地能够发挥社会保障的功能转移到农户身上，农民将土地作为未来养老的保障，如果对未来的预期收入没有可靠的保障，农民一般不会主动放弃其土地承包权。农村剩余劳动力因为文化水平较低，就业机会缺乏，创业成本较高等因素，加上城市生活成本较高，外出务工与从事农业生产所得收入相差不大，造成了农村剩余劳动力转移速度过慢的问题，在一定程度上也不利于推进土地流转。在对海盐县的土地流转状况进行抽样调查后发现，有88%以上的农户认为土地流转困难，制约了家庭农场的规模化经营。因此，浙江省要实现农业产业化的目标，促进家庭农场的快速发展，必须加快改革现行农村土地制度，促进土地的合理流转和优化配置，加快农村剩余劳动力转移速度。

2. 生产资金不足　结合对海盐县家庭农场的调查分析，资金不足是制约家庭农场规模扩大的又一重要因素。在海盐家庭农场的资金投入来源中，家庭投入占到65%，信贷投入占到22%，而政府补贴只占到13%。位于海盐县沈荡镇的绿叶家庭农场，专业种植蔬菜面积达到13.3公顷，除了初期的固定投资以外，每年仍需流动资金40多万元。由于大部分家庭农场主资金实力不强，再加上固定资产投资额有限，无法通过资产抵押等方式来获得更多的流动资金，也就制约了其扩大经营规模，提高技术水平和生产效益。目前，农村地区开展融资信贷的金融机构较少，大部分只有农村信用社，且申请借贷资金的程序较为复杂，审批效率较低，借贷金额较少，难以满足农场发展所需的资金需求。政府虽然在土地流转、农机农技、融资信贷等方面提供一定的政策补贴，但是相对于农场投入来说，补贴力度较小，起到的作用有限。

3. 家庭农场辅助性用地短缺　就目前来说，由于农村地区土地流转困难，对农业建设用地的审批程序也较为严格，特别是在农业用地审批方面，相关农业和土地部门之间的认定标准不统一，存在着分歧，家庭农场在粮食晾晒、储藏等辅助性用地的需求上长期得不到满足。这也制约了部分家庭农场兴建生产配套设施，开展农产品的加工，提高规模优势的积极性和主动性。现代家庭农场要求实现集约化和规模化，保障农产品的生产、加工、储藏等辅助性用地需求，能够充分发挥家庭农场的的规模效益，降低农场的生产经营成本，也为在现有的并不完善的社会化服务体系基础上，通过自我完善，自我服务，来提高农场的生产管理水平的一种有效途径。

4. 家庭农场界定缺乏统一标准　虽然浙江省个别地区如海盐、绍兴等地，针对家庭农场的发展状况，制定了比较规范的认定标准，如海盐根据经营结构的不同，制定了不同的认定标准。但是往往基于本地的状况，难以满足浙江全省的多样化需要。从目前浙江省的家庭农场发展情况看，家庭农场的界定标准尚不统一，而且缺乏规范，一般都是以农场的土地经营面积和登记注册资金来界定家庭农场是否达到标准，而且这种界定方法并没有将设施农业的规模化因素考虑进去，农场经营者的素质、管理水平、相关技能也并未考虑，造成各地标准不一的因素还有地理和社会的因素。同时，当地政府根据本地情况确定的支持政策，缺乏规范指导，因此在推行的过程中，也难免产生这样或那样的问题，而且有些扶持政策是专门为扶持一些农业种粮大户而制定的，对较小规模家庭农场的针对性不强。总体而言，浙江省大部分地区由于对家庭农场的认定缺乏正确的理论上的把握，在制定家庭农场的认定标准时，缺乏规范性的指导和政策建议。

5. 家庭农场经营结构单一　如前所述，以海盐县家庭农场的经营结构来看，大部分以传统的种植业为主，主要是种植谷物、水果、蔬菜等作物，有小部分开展粮食作物和果蔬类套种，还有少量的动物饲养与水产养殖。在农业生产中忽略了综合效益的发挥，例如可以利用自然中的生态循环理论开展农业生产，可以用谷物秸秆和农业生产废料来制造沼气，用来照明、取暖、供应燃气，利用牲畜粪便作为有机肥料，提高土壤肥力等。同时，农业生产特有的人文景观可以用来开办“农家乐”，发展“休闲农业”等。总体来说，浙江省家庭农场的经营机构较为单一，没有完全将规模优势发挥出来，同时单一的种植结构也受市场波动的影响较大，应对市场风险的能力较弱，影响了经济效益的进一步提高，因此在未来的发展中，浙江省家庭农场应该在专业化生产的基础上，努力实现经营结构多样化。

6. *家庭农场主综合素质有待提高*　从对海盐县的调查情况来看，虽然个别家庭农场主的文化素质较高，达到大学学历，但现有直接从事农业生产的家庭农场主，文化水平偏低，有些年龄偏大，有 60％以上的农场主年龄在 40～50 岁，仅有初中文化水平的人占 60.6％。较低的文化水平造成了农场主农业经营的产品意识、市场意识和竞争意识不强，综合素质不高，也就导致了在应对市场化风险和做出投资经营决策时，往往存在盲目性和滞后性。同时，由于职业化培训教育的缺乏，很多家庭农场缺乏农业技术人员，就算经过一些培训的部分家庭农场经营者对农业生产技术的掌握也是远远不够的，农场主较低的文化素质已经不能满足建设现代家庭农场的需要，这种状况已经严重影响了家庭农场的发展和经营效益的提高，成为制约其提升竞争力，加快经营市场化的重要因素。家庭农场主的文化素质不仅会影响到农场经营与管理，农业生产水平和经济效益的提高，而且也会影响到农场规模效益的实现，这种状况得不到改变，建设现代农业的目标将很难实现。

7. *社会化服务体系亟待完善*　通过对海盐、慈溪、绍兴等地社会化服务体系的分析，可以看出，当前浙江省农村地区为家庭农场提供社会化服务的主要是以技术培训、技术咨询和技术推广为主要内容的政府农技部门，农业龙头企业和专业合作社也会提供一些诸如新品种、新技术的培训和市场供应信息。总体来看，浙江省还没有建立起完善系统的社会化服务体系，现有的服务机构比较零碎，数量较少，并且管理不规范，常常是多头领导，财力物力不足，工作效率较低。在农资服务渠道上，农业生产资料的流通市场尚不健全，农资供销社和专业合作社在农资供应上由于资金和市场信息的缺乏，没能够充分发挥农资市场的主体作用，而过度的依赖农资经销企业，在市场供应紧张时，企业抬高价格往往会有损农户的合理利益。在服务内容上，则局限于农技知识的推广，缺乏对农场经营管理、融资借贷、市场营销、农业保险及相关法律的培训与指导，不能满足家庭农场主的多样化需求。在融资渠道服务方面，存在着借贷渠道单一，审批程序复杂的问题，在当前农场生产资金紧缺的前提下，融资渠道狭窄直接制约了农业生产的投入和农场规模的扩大。在市场信息提供方面，政府农技部门发挥的作用有限，也正是由于市场信息的不对称，广大的农场主对设立农业保险，降低市场风险，加快农业风险基金的筹集与设立抱有很高的政策期望。

8. *政策补贴力度需要进一步加强* 从当前浙江省对家庭农场的补贴来看，主要是以土地流转补贴和农机补贴为主，还有一部分是对农场的融资借贷进行贴息。但是对于农技培训、农业保险、生产配套设施的补贴较少，甚至没有。制约了农业技术的推广，生产经营水平的提高，农场主综合素质的提升，农场经营规模的进一步扩大。以海盐县的补贴政策为例，土地流转补贴为 300 元/667 米^2，农机补贴为采购价格的 30%，政府补贴农场借贷资金 4.5% 的贴息，这 3 个部分加起来占到家庭农场投入的 13%，其余部分则要靠农户投入，基于上述分析中提到的农户生产资金的缺乏，造成了单靠农户自身实力，难以实现农场规模优势的困境。因此，浙江省应该加大补贴力度，根据农业生产需要，拓展补贴种类，为家庭农场的快速发展提供政策和资金上的支持。

(五)家庭农场发展对策建议

1. *进一步完善土地流转制度* 首先，可以建立和完善土地流转服务平台，积极推进农村土地承包经营权流转，鼓励农户通过承租、承包、转让、入股等形式进行土地流转，兴办家庭农场，实行规模经营。同时，紧紧抓住浙江省“美丽乡村”建设、“两新”(新市镇、新社区)和农业“两区”建设的有利时机，将土地承包经营权流转与农村土地综合整治项目结合起来，与建设现代农业产业园区和粮食功能区结合起来，在现有土地流转制度基础上，加强对农村土地流转的管理，创新工作机制，扶持农业专业合作社，积极推进农村中的土地流转，加强对土地承包经营的规范与管理，及时有效调解在土地流转过程中的产生的土地纠纷，积极稳妥地推进农村土地流转。

其次，要逐步改变目前家庭农场承包土地的分散状态，通过平整土地，进行土地流转，采取相互置换的办法把土地调整连片，促进规模经营。在具体操作过程中要坚持“典型示范，稳步前进”的原则，因地制宜地扩大土地经营面积，逐渐实现土地向拥有较高生产技术能力的家庭集中，优化资源配置，合理引导劳动力转移，形成“少数人种多数人田”的良好格局。浙江省要尽快改变现有土地制度中的土地承包期短、土地不固定、统得过多、管得过死的现实状况，完善土地流转制度，扩大经营规模，让土地活起来，同时将长期而有保障的土地使用权赋予家庭农场主，促进家庭农场真正成为的自主经营、自负盈亏、自我发展、自我约束的经济实体和市场竞争主体。

2. 提供资金支持　要加大对土地流转的补贴力度和资金支持。从传统意义上来讲，土地被视为农民固有的财富，加上目前我国农村地区的社会保障制度还不健全，相关的养老保险、医疗保险等也处于探索与起步阶段，因此农民一般不愿意将承包权流转出去。这就造成了土地流转费用较高。而一般家庭农场主财力有限，资金缺乏，会制约农场规模的进一步扩大，需要政府加大对土地流转的补贴力度，同时提供贷款优惠，加大对农场融资的支持，确保农场土地流转的资金需求得到满足。具体来讲，可以通过制定奖励标准，优先支持较大规模农场的发展，提升农户的积极性；通过加大对农户借贷资金的贴息比率，减轻农户的借贷压力；通过完善农村金融体系，以“优惠贷款”、“专项资金”等形式加大对农户资金需求的支持力度；在现有的补贴支持政策的基础上，增加对农技培训费用和生产配套设施的补贴力度，特别是对农户参保费用的补贴力度，降低市场风险。

3. 组建家庭农场协会　针对单个家庭农场在资金、技术、市场信息等方面力量较为薄弱，可以参照我国台湾和日本家庭农场管理经验，将多个家庭农场组合起来，成立家庭农场协会，通过注册登记，重点扶持符合登记条件的家庭农场，以合作经营和共同经营等方式，促进家庭农场之间生产要素的合理流动和优化配置，特别是在种植、农技、资金信贷、配套设施利用等方面的合作。同时，支持发展农户间合作型家庭农场，以共同利益为合作基础，实行联合生产和经营，扩大家庭农场规模优势，提高农业生产经营效益。作为政府与家庭农场之间的桥梁，政府同时可以赋予农场协会一定职能，并由政府列出专门预算，通过向农场协会提供农技支持、融资信贷、市场信息等服务，提升其自我管理与运营能力。

4. 明确家庭农场认定标准　家庭农场的认定要有一定的规范和标准，在这方面，国内外已有很多成功的经验可以借鉴。浙江省的农业发展有其自身的特点，应在结合农业资源利用状况和经济发展实际需要的基础上，总结各地区家庭农场发展的实践经验，确定合理的家庭农场的参照标准，对农场的经营规模、经营条件、注册资金、用工状况、农机数量等方面做出详细而量化的规定，建立家庭农场准入和退出机制，提高家庭农场的运作效率，完善家庭农场的运行机制，从而提升其管理水平和获得较高的经济效益。加强对家庭农场的规范化管理。要在培育现代家庭农场的过程中，坚持发展、规范、提高并举，一方面，为家庭农场的注册登记创造条件，简化审批程序，鼓励农场成为法人型经营主体，为农场的生产经营活动提供法律咨询和政策保障。另一方面，根据家庭农场生产类型的不同，如粮食、蔬菜、水果、水产养殖农场等，结合其生产经营特点，分别制定相应的认定和规范标准，运用“目标管理”方法，将建设现代农场的目标层层分解，即家庭农场在建设时要

“有规模、有标识、有场所、有配套”，在农场的经营管理中实施“生产标准化、管理规范化、营销市场化、产品品牌化”，在此基础上，实现“经济效益、社会效益、生态效益”的最终目标。积极鼓励发展规范、规模较大、示范作用强的家庭农场转变为农业龙头企业，从资金和政策上给予优惠。

5. 促进家庭农场经营结构的多样化　针对浙江省家庭农场主要以传统种植模式为主的现状，首先应该加大宣传力度，转变农场主的经营理念，推广新型集约化农业经营结构。通过网络、电视、报纸等媒介向农场主介绍诸如“循环经济”、“生态农业”、“休闲农业”等新型农业生产模式，加大技术支持力度，鼓励家庭农场开展多种经营。其次是要加快创建示范性家庭农场，通过政策支持，鼓励农场在现有经营结构的基础上，发展循环经济，节约生产成本，实现农场生产的生态效益。第三，加强引导，创新农业经营方式，以家庭农场农业生产经营为基础，借助农业生产特有的人文景观，以兴办“农家乐”、“休闲农场”的方式，开展多样化经营，实现农民增收、农业增效。

6. 提升农场主的综合素质　要想提高农民的素质，浙江省首先必须加大对农民素质教育的投入力度，通过加强宣传，教育农民克服“重农轻商”、“重产轻销”的传统思想观念，提升文化素质，组织农民进入市场，树立起市场导向观念。进一步完善现有的农村基础教育的办学条件，加强师资力量，增加教育投入，从根本上提高农村劳动力的科学文化素质。加大经费支持力度，将农村基础义务教育与农村社会经济发展需要结合起来。结合农业产业结构调整和农村产业化发展状况，同时考虑农业生产中的实际需求，围绕粮食增产、农业增效、农民增收的发展目标，推广农业先进实用技术，通过开展多层次、多渠道、多形式的科技培训和科技推广，进一步提高农民的专业技能。

浙江省应重点抓好家庭农场主的综合素质培养，加大对其农业生产技能的培训，建立健全培训中介机构，完善相关规章制度，按照实用、先进、高效的原则，积极实施新农村实用人才培训工程，培养家庭农场主的产品意识、竞争意识和品牌意识，提高家庭农场主的生产技能和经营管理能力。通过涉农高校、阳光工程等，开展农业技术人才培养、农业专业技能培训、农村劳动力转移等培训项目，以培养职业农民、农村职业经纪人和农业社会化服务人才为目标，大力提升家庭农场主的文化素质和职业技能，特别是要加强对年轻家庭农场主的培养，为家庭农场的发展储备力量；定期开展现代农业先进技术培训，转变农场主经营思路，提升其综合素质。采取多种培训方式，鼓励家庭农场积极引进新品种、采用新技术，增强农技支撑能力。在培训过程中，要注重互动性和针对性，提升培训效果，提高培训质量。同时，加强与国内外拥有较强科研实力的涉农高校的合作，鼓励大学生兴办家庭农场或者进入家庭农场工作，为家庭农场的发展注入新鲜活力。

7. 健全社会化服务体系　在完善社会化服务体系上，首先，应大力加强对家庭农场的基础服务，结合浙江省委、省政府近年开展的“进村入企”大走访活动，积极推进农技部门与家庭农场结成“一对一”服务机制，推广先进的农业技术、提供农资购销渠道、传播市场化信息、破解家庭农场发展难题。其次，进一步完善农技推广体制，推进新型农业社会化服务体系建设，引导家庭农场采用先进农业技术、种植高产新品种、开展规模经营、进行标准化生产。积极推广测土配方施肥技术和农机社会化服务，拓展农资连锁经营覆盖范围，依托农业信息网、“农民信箱”、农信通以及其他网络系统，为农场经营提供优质的市场信息服务。再次，鼓励支持农民专业合作社、农业龙头企业等的发展和壮大，以家庭农场为主体，建立农场协会，促进农场之间在资金、技术、管理上的交流与合作。

在农业龙头企业的引导下，将家庭农场与市场紧密地联系起来。建立、完善农业保险制度，拓展农业保险覆盖范围，针对农场经营特点，设置不同险种，降低因市场价格波动、自然灾害等造成的经济损失。

8. **加大政策扶持力度**　在资金、项目安排上，除了保障国家和省核定的农业补贴、补助、开发资金、奖励资金以及贷款以外，建立和完善农业风险保障制度、农产品最低收购价制度，以降低家庭农场市场经营风险，保障农场经营者权益。

在税收政策上，对新注册登记的家庭农场进行税收减免，特别要加大对农副产品的税收优惠政策，对农场自产自销的农副产品，其政策待遇要与其他经营主体相同。

在基础设施建设上，农业、水利、国土、交通、农技等部门要以家庭农场发展需要为目标，优先安排重点项目，保障农场发展有一个较好的外部环境。对在获得土地使用权的土地上修建用于农产品加工、仓储、居住等非永久性临时设施给予支持。

在奖励政策上，对创办现代家庭农场，可以实行以奖代补政策，设立土地规模经营奖励基金，基金由财政根据当年的经济发展状况划拨，对全部将土地流转出去的农户给予适当的补助和就业信息服务，引导其从事二、三产业。对发展速度快，经营规模大，经济效益好的家庭农场给予重点扶持，鼓励其与农业龙头企业、专业合作社进行联合经营。每年在各乡镇（街道）开展评比，对发展现代家庭农场成效显著的镇（街道）、村给予适当奖励。

二、广东温氏集团“公司＋家庭农场”经典案例

发展家庭农场，促进农业经营体制机制创新，是现代农业发展的重要内容，也是党和国家农村工作之重点。目前，理论界对家庭农场的探讨主要集中在农业家庭经营的绩效、发展的必要性及具体策略。大量数据证实了农场规模和劳动生产率之间存在反向关系，小农家庭农场比大农场更有效。

然而，当前的理论研究大多忽略了农业龙头企业在家庭农场

发展过程中可能发挥的作用。除了制度因素及资源禀赋的制约，单个农户无力应对高昂的信息成本、技术风险以及市场风险，这就造成了专用性资产投资不足，从而阻碍了生产力水平的提高和经营规模的扩大，导致近年来各级政府大力发展家庭农场却收效甚微。如果把家庭农场的发展与农业龙头企业相结合，“公司＋家庭农场”的合作剩余将会提高，同时家庭农场在利益分配博弈中的地位也相应改善。

说起温氏集团，行业内可谓无人不知。它的发展速度超乎想象，2012 年，温氏集团生猪总出栏量已达到 830 万头而且仍在高速发展，近年来更是在全国各地加速布局养猪业务。这一路狂奔的发展速度，除了让人羡慕，还难免让人好奇。在如今养殖土地越来越受限，政府对猪场环保越抓越紧，人工成本急速上涨的背景下，华农温氏有着怎样的发展思路？养猪企业又该如何规划未来？我们将在对“公司＋家庭农场”模式特征进行深入分析的基础上，以广东温氏食品集团有限公司（简称温氏集团）的实践说明这一点。

（一）“公司＋家庭农场”的特征及经济分析

由于经济效益显著，家庭农场已成为当今发达国家现代农业的主体组织形式。我国家庭农场的雏形出现在 20 世纪 80 年代末的农村家庭承包后，有的农户通过承包或转包方式取得较大面积的土地经营权，进行适度规模经营，称为“种粮大户”或“专业养殖户”，实际就是小型家庭农场。目前，具有一定规模的家庭农场，主要在经济发达的东南省区和城市郊区，受制于生产力水平和稀缺的土地资源，规模相对较小。家庭农场经营促进了生产经营方式由传统向现代的转化，推动了农业商品化进程，提高了农业生产、流通、消费全过程的组织化程度，成为农业规模化经营的较好模式。所谓“公司＋家庭农场”，就是以农业龙头企业（公司）为核心，通过与家庭农场建立“风险共担，利益共享”的利益机制，以贸工农一体化、产供销一条龙方式带动家庭农场发展的现代农业经营模式。

1.“公司＋家庭农场”模式的特征分析

(1)市场主导的经济结构　“公司＋农户”模式中的传统农户是自给或半自给宗法小农经济结构，是农业生产经营组织和家庭组织的统一体，成员靠血缘、亲情而非契约关系联结。该方式是特定资源禀赋下经济系统自我组织的结果，也与相对落后生产力水平相适应。“公司＋家庭农场”机制中的家庭农场正是向现代小农经济结构过渡的尝试，虽然仍具有规模小、家庭经营、以土地为基本生产资料等特征，但是已经建立在生产力发达和自由人联合体基础上。其一，生产经营规模增大，具有较高的专业化、规模化、标准化水平；其二，为市场交易而生产，属于现代企业组织范畴，是市场经济发展的产物并以市场经济体制为环境条件；其三，交易的契约化管理，形成契约下的利益共同体。

(2)现代要素介入的生产力水平　生产力是一切社会经济问题的最终解释变量，而生产力的变化促成了家庭农场的诞生。在“公司＋农户”经营方式中，农户经营限制了现代机械设备、先进技术、经营管理方式等现代生产要素的引入。在土地、劳动力、资本等生产要素禀赋相对价格发生变化，尤其是城市“用工荒”直接提高了农村劳动力价格时，就有“产业升级”进而由资本替代劳动的可能。“公司＋家庭农场”以机械化替代了完全人工劳作，优质品种的推广促使农户形成优质产品意识，现代信息技术的运用促进了标准化生产和产品质量可追溯体系的建立，这些正是现代农业的必备手段。

(3)分工协作的专业化生产方式　“公司＋农户”模式下农户的养殖生产是小规模的“副业”，是传统家庭养殖技术运用的延伸和扩大化，生产经营决策依赖于经验积累和主观判断，专业化、商品化水平比较低，市场功能和现代经营环节由公司代劳。而在“公司＋家庭农场”模式下，采取专业化生产方式，以市场需求为导向，以资源优势为基础，进行专业化生产经营，并不断追求生产要素的优化配置及参与社会分工与协作。以养殖业为例，家庭农场将养殖作为家庭人员的主业，养殖技术专业化不仅取得了规模经济收益，同时市场交易契约机制也改变了人们的行为，推动了市场化和社会化。

(4)机械化配置的规模经济　“公司＋农户”模式下，作为经验型的农户受制于人口众多与土地、资本稀缺的限制，形成分散、狭小规模经济的状态，受制于生产力水平，规模扩大是渐次和逐步的。“公司＋家庭农场”模式中，在公司的带动、支持下，农场具备了规模扩张的实力和冲动，有效承接新技术在农业领域的运用，尤其是机械化装备的应用，提高了农业的整体效益和规模经济条件。同时，农场的市场参与能力和谈判能力增加，主体地位增强，公司与农场的力量对比发生变化。但受制于自然条件、物质技术装备、专业化协作、资源禀赋等影响，家庭农场的规模不会很大，仍兼顾小农经济特点和现代农业因素。所以，在较长时间内，龙头公司的市场带领者角色不可能替代；相反，二者将逐渐形成较为紧密的利益共同体。

2.“公司＋家庭农场”的经济分析　“公司＋家庭农场”是“公司＋农户”模式的进一步发展和创新。“公司＋农户”模式并没有解决小农的生产环节内部规模不经济问题。一方面，公司与农户两个本应地位对等的市场主体几乎是依附关系。企业处于绝对优势地位，利用自己对整个产业链的控制和市场信息的掌握，将农民的收益控制在较低水平，导致农户部分经营权丧失，利益受到侵害；另一方面，松散的利益联结机制容易引致机会主义行为，契约的软约束使得“公司＋农户”机制不稳定。而“公司＋家庭农场”一定程度地克服了原有模式的固有缺陷，随着规模经济效益的显现，大大增强了农场主的市场参与能力，减少了交易中的效率损失，有助于资源的帕累托配置。

(1)创新了现代农业经营方式　家庭农场并不悖于现代农业规模经营，而是融入了资金、技术、市场、现代经营理念等要素的现代农业基础组织形式。而以家庭农场对接农业龙头企业，在企业带动下实现规模效应，是农业产业化经营向现代农业经营过渡的尝试。其一，“公司＋家庭农场”促进了农业社会化。科技要素的投入打破了自给半自给经济状态，分工专业化基础上的生产经营促使人们依靠市场机制满足需求，在互助协作中形成相互依存的社会网络，促进了农业剩余劳动力的分流和更大规模的专业化及城市化进程。其二，加快了农业生产要素的集聚和科学配置，使土地、资金集中于专业人才手中，形成规模经济效应，有利于改造传统农业。其三，有利于农业企业化。家庭农场在农业生产中一定程度上应用了现代企业制度，克服农业产业化中存在的问题，增强农业抵御风险的能力；更重要的是促进了农业生产的标准化和产品质量的可追溯，促进了农产品的品牌创造和维护，有利于科技创新和推广应用。

(2)探索了新的利益分配机制　“公司＋家庭农场”模式规模经济的存在既使合作剩余显著增加，也有利于建立合理的利益分配机制。在“公司＋农户”模式下，公司与农户在产业链中所处的环节不一样，企业负责幼苗生产、药物与饲料研发、技术服务等，处于产业链的高端，享有高附加值收益；而农户处于低附加值的养殖生产环节，分享收益较低。“公司＋家庭农场”模式合作剩余分配将更趋合理。一方面，通过提高家庭农场经营的机械化程度和技术水平，增加了生产中的技术含量与增值收益，从而提高了家庭农场的绝对收入；另一方面，随着家庭农场合作意识增强与组织化程度的提高，以及规模增加、组织成本降低，具有共同利益的诉求者可以联合形成利益共同体，有助于提升家庭农场与公司的博弈能力，从而有利于其获得更多的合作剩余。同时，随着单个家庭农场的产量占比显著提高，退出威胁增大，增强了博弈能力，促进了家庭农场和龙头企业合作的稳定性。

(3)形成了紧密型联结机制 “公司＋农户”模式下，农户只是公司的原料加工车间，依靠的是传统经验的传承。而“公司＋家庭农场”模式促进了双方合作联结机制的紧密化。其一，推动家庭农场经营中对现代生产要素的利用，提高了规模经济效应和资源利用效率，加快了农场制农业产业化进程。通过农科推广网络向农户输出技术和管理，培育了一大批懂技术的专业化农民，缩短了科学技术推广周期；通过以合作养殖户联保贷款方式，拓宽养殖户融资渠道，引进金融资源。其二，企业的加入机制对农户扶持和带动，一定程度上大大缩短了农户资本积累周期，尤其在农村金融资本涉农惜贷的情况下，这有利于小规模合作农户向具有规模经济效应的家庭农场转化。

(二)温氏“公司＋家庭农场”现代农业生产经营模式案例分析

温氏集团是一家以养鸡、养猪业为主导，兼营生物制药和食品加工的多元化、跨行业、跨地区发展的现代大型畜牧企业集团，目前已在华南、华中、华东、西南、华北和东北六大区域的 23 个省(市)布局了养鸡和养猪业，年销售肉鸡和肉猪规模分别达 7.7 亿只和 663 万头。长期以来，温氏集团实行的是“公司＋农户”生产模式，公司负责饲料的生产和采购，药物、种苗的研制和生产，技术的研究和推广，产品的验收和销售等；农户负责饲养生产，相当于公司的生产加工车间。

然而，随着社会经济的不断发展，该模式在近年遇到了诸多挑战。首先，合作农户的收入增长相对缓慢。受资金、劳工、科技装备等制约，合作农户的生产规模、效率难以提高，近 3 年来虽然合作农户的养殖收入也在增长，但增长幅度并不高。尽管养殖业资产的专用性较强，但若合作农户的年收入不能够稳定增长，在出外务工收入水平提高较快的情况下，就具有退出合作而从事其他行业的可能性。数据显示,2009 年末、2010 年一季度温氏集团退养户数分别达到 462 户和 541 户。其次,即使收益同等增加,传统的养殖业对于新一代的年轻农民也不具有吸引力。从事传统养殖业苦、脏、累,劳动强度大,如大部分优质肉鸡饲养如喂料、清粪、免疫等都采用人工饲养模式,工作量大,环境差,受过教育的农村青年更倾向于城市文明的工作和生活。再次,养殖业容易带来环境污染。在养殖过程中产生的粪尿、恶臭及其他有害物质可通过空气、土壤和水源等给人畜健康、自然环境造成危害。因此,有些地方政府(如东莞市)对养猪加以限制甚至禁止。上述挑战打破了原"公司+农户"机制下的利益均衡,迫使温氏集团提高农户的机械化水平和生产技术,使小规模农户向环境友好型家庭农场转变,扩大养殖规模,降低劳动强度,提高养殖效率。由此,"公司+农户"转变为"公司+家庭农场"模式成为必然趋势。

1. *以信息技术实现养殖的标准化和可追溯性* 经验型农户散养生产方式不可持续,要实现持续发展必须实现养殖生产过程的标准化、规范化和信息化,而"公司+家庭农场"机制确保了这一目标的实现。温氏集团实际成为标准的制定者和生产过程管控的监督者,家庭农场也具备了标准化、规范化的条件,按照要求在生产中实施。

第一,在标准化饲养生产方面,温氏致力建立畜禽现代养殖社区,统一规划各养殖基地,并制定基础设施及管理标准,实现"五统一"规范化管理。温氏集团的分饲料厂统一生产、供给饲料,动物保健品公司统一提供各种疫苗和药物,技术服务部门提供免费养殖技术服务,育种公司根据不同地域消费习惯选育差异化品种供各分公司选择。

第二,养殖生产全过程的信息化管控。信息技术的应用使得养殖业生产过程的标准化成为可能。一方面,技术员现场手持 PDA 终端进行实时管理,如果发现了不符合养殖标准的地方,即可用 PDA 拍照上传，用于对养殖水平的打分评估，并直接与养殖户利益相联系；另一方面，在每个鸡（猪）舍内都安装了 RFID 芯片，RFID 与 PDA 的结合应用，对每批肉鸡（猪）的饲料领取、出栏、疫苗时间及喂养食量等信息实施全过程监控，建立养殖数据档案。

第三，以物联网确保产品质量可追溯。云浮市物联网研究院就建在温氏，温氏集团建设了覆盖整个产业链的应用软件系统，实现了生产经营核心环节的信息化管理，以及物流、资金流、数据流的同步一致，实时反馈并有效管控分支机构的运营状况。以信息化管理嫁接工业标准化生产模式，促进了传统生产方式向现代农业生产方式转变。

2. *以现代生物科技创新养殖模式*　传统农户不具备现代生物技术的创新能力，那么家庭农场是否具备呢？答案同样是否定的。在温氏集团与家庭农场合作中，温氏集团承担了创新者的角色。

第一，温氏集团重视养殖技术的研发与新品种引进，先后育成 20 多个优质肉鸡和 8 个肉猪新品种，相关研究技术 70 多项。

第二，在禽畜疫病防治技术方面取得系列成果，如禽流感、传染性囊病、传染性喉气管炎、马立克氏病、口蹄疫等综合防治国内领先。

第三，开发了优质鸡营养与配合饲料技术，建立了肉鸡上市日龄的预测模型。结合新型饲料添加剂配合技术，研制出温氏中猪饲料和大猪饲料。

第四，创新分段饲养模式，一方面公司建立雏鸡饲养场，专门饲养 30 日龄以下鸡苗；另一方面，扶持农户自建雏鸡舍，引导农户分段饲养，每年能多饲养 1～2 批鸡，减少雏鸡养护成本和死亡率，提高养殖收益 30％以上。但是，与农户比较，家庭农场是具有能力的科技应用者。养殖技术含量增加，标准化要求提高，原材料价格与养殖成本上升，这些都是小规模农户难以承担的。

3. *以设备自动化推动养殖机械化* 温氏集团成为自动化机械设备的设计生产与供应者，家庭农场成为生产设备的购买使用者。早在1989年，温氏集团前身——簕竹鸡场就曾在自营鸡舍安装链带式自动送料机和自动饮水器，但因劳动力相对价格低，农户资本稀缺，机械化尝试未推广。经过较长时间的原始积累，随着养殖大户向家庭农场转型，具备了一定的资本；随着劳动力成本的上升，资本对劳动的替代成为可能；温氏集团畜禽养殖自动机械的研发和生产也提供了条件，目前公司已帮助部分家庭农场安装了自动化设备，提高了生产效率。以一个5 000只的普通鸡舍为例，采用人工喂料方式，每天饲喂3次通常需6小时，而自动喂料只需18分钟，效率提高20倍。此外，公司研发并已在生产中使用简易式半自动清粪机，为家庭农场扩大养殖规模创造了条件。

4. *以环保技术促进养殖生态优化* 现代农业要求实现人与自然和谐，生态环境良性可持续发展。养殖业中畜禽粪便对环境污染严重，但在农户小规模养殖条件下，不具备环境治理的规模经济效应，养猪业的养殖规模达不到300头就难以实施污水处理。而家庭农场规模经济日显，这可以从温氏集团养殖户的发展体现出来。一是温氏集团销售收入增长额，从2000年的15.9亿元增至2011年的309.93亿元；二是养殖户发展规模。按照温氏集团发展规划，预计养鸡户将在4～5年后达到饲养1.5万只/批，年收入达7.5万元。现代科技与信息广泛应用于养殖生产环节，促使养殖方式的生态化。家庭农场在公司的示范带动支持下，在实现规模经济的同时，践行环保标准，将外部效应内部化，实现生态环境的良性可持续发展。

（三）实践与推广“公司＋家庭农场”模式的对策建议

1. *积极培育具有竞争力的独立市场主体* “公司＋家庭农场”模式的一个启示是：改善农民在收入分配中的地位，不应只局限于分配过程，还应从弱势者能力和科技水平提升着手，提高产业链中劳动力资源的稀缺性和增值空间，使其成为现代农业经营主体。在此过程中，政府应提供政策性支持。一方面，支持农业龙头企业做强做大，提升带动能力。另一方面，政府应致力于保护家庭农场的权益，鼓励、帮助家庭农场成立协会、合作组织等，既降低经营中的生产资料成本，也可共享市场信息，还可增强谈判能力，共同维护权益；将农业龙头企业与家庭农场间的合同条款予以标准化，对家庭农场明显不利的条款予以警示说明，为家庭农场提供法律支持，并提供进入市场的便利；为家庭农场提高适应市场、驾驭市场的能力提供相关的知识及培训服务。

2. 基于长期理性的紧密型合作机制 “公司＋家庭农场”模式的另一启示是：合作方能分享合作收益，合作必须基于长期理性。这种长期理性是建立在利益共同体基础上的，并有对共同利益的维护和追求导向市场信用的自觉。“齐创美好生活”的文化理念体现出的正是温氏集团的长期理性，如果没有养殖户的收益和发展就没有温氏集团的今天和明天。在非典时期，公司总体亏损16 233万元，但保持合作养殖户每养1只鸡有1元钱利润，全年养殖户利润达3.7亿元。长期理性体现在合作利益主体各方面。政府方面，积极协助企业发展壮大，给予财政补贴、税收减免、工商管理和土地征用等方面的优惠和便利；企业方面，主动纳税，承担社会责任，带动、扶持更多农户发展成为现代农业经营者，向弱势的农户更多让利，分担风险等；家庭农场秉承精诚合作理念，配合企业形成紧密型利益共同体。

3. 有序推进“公司＋家庭农场”经营模式 对于“公司＋家庭农场”模式，农业龙头企业要综合考虑各方面的因素，有序推进。首先，农产品市场是一个竞争比较充分的市场，价格波动比较大。在合作农户数量保持不变的情况下，家庭农场的快速推进意味着农业龙头企业最终产量的急剧增加。对于像温氏集团这样占有较大市场份额的企业来说，短时间内供给量的大幅增加将导致市场供求条件发生逆转，使得产品价格下跌，最终影响到公司和农户的利益。因此，家庭农场的推进必须和整个市场状况及公司的经营战略相匹配，这需要公司具有比较强的市场研究和预测能力。其次，家庭农场的推进要考虑各地的实际情况，因地制宜，循序渐进。对于大型农业龙头企业，合作农户遍布全国各地，资源禀赋也存在差别。经济发达地区的劳动力成本显著高于经济不发达地区，养殖大户对于机械化的需求会更加迫切。因此，可以先在经济发达地区和养殖大户中推广，然后再向其他合作农户扩展。

附录一　2013 年中央一号文件(部分)

中共中央 国务院关于加快发展现代农业 进一步增强农村发展活力的若干意见(2012 年 12 月 30 日)

全面贯彻落实党的十八大精神,坚定不移沿着中国特色社会主义道路前进,为全面建成小康社会而奋斗,必须固本强基,始终把解决好农业农村农民问题作为全党工作重中之重,把城乡发展一体化作为解决"三农"问题的根本途径;必须统筹协调,促进工业化、信息化、城镇化、农业现代化同步发展,着力强化现代农业基础支撑,深入推进社会主义新农村建设。

2013 年农业农村工作的总体要求是:全面贯彻党的十八大精神,以邓小平理论、"三个代表"重要思想、科学发展观为指导,落实"四化同步"的战略部署,按照保供增收惠民生、改革创新添活力的工作目标,加大农村改革力度、政策扶持力度、科技驱动力度,围绕现代农业建设,充分发挥农村基本经营制度的优越性,着力构建集约化、专业化、组织化、社会化相结合的新型农业经营体系,进一步解放和发展农村社会生产力,巩固和发展农业农村大好形势。

一、健全农业支持保护制度,不断加大强农惠农富农政策力度

1. 加大农业补贴力度　按照增加总量、优化存量、用好增量、加强监管的要求,不断强化农业补贴政策,完善主产区利益补偿、耕地保护补偿、生态补偿办法,加快让农业获得合理利润、让主产区财力逐步达到全国或全省平均水平。继续增加农业补贴资金规模,新增补贴向主产区和优势产区集中,向专业大户、家庭农场、农民合作社等新型生产经营主体倾斜。落实好对种粮农民直接补

贴、良种补贴政策,扩大农机具购置补贴规模,推进农机以旧换新试点。完善农资综合补贴动态调整机制,逐步扩大种粮大户补贴试点范围。继续实施农业防灾减灾稳产增产关键技术补助和土壤有机质提升补助,支持开展农作物病虫害专业化统防统治,启动低毒低残留农药和高效缓释肥料使用补助试点。完善畜牧业生产扶持政策,支持发展肉牛肉羊,落实远洋渔业补贴及税收减免政策。增加产粮(油)大县奖励资金,实施生猪调出大县奖励政策,研究制定粮食作物制种大县奖励政策。增加农业综合开发财政资金投入。现代农业生产发展资金重点支持粮食及地方优势特色产业加快发展。

2. *改善农村金融服务* 加强国家对农村金融改革发展的扶持和引导,切实加大商业性金融支农力度,充分发挥政策性金融和合作性金融作用,确保持续加大涉农信贷投放。创新金融产品和服务,优先满足农户信贷需求,加大新型生产经营主体信贷支持力度。加强财税杠杆与金融政策的有效配合,落实县域金融机构涉农贷款增量奖励、农村金融机构定向费用补贴、农户贷款税收优惠、小额担保贷款贴息等政策。稳定县(市)农村信用社法人地位,继续深化农村信用社改革。探索农业银行服务"三农"新模式,强化农业发展银行政策性职能定位,鼓励国家开发银行推动现代农业和新农村建设。支持社会资本参与设立新型农村金融机构。改善农村支付服务条件,畅通支付结算渠道。加强涉农信贷与保险协作配合,创新符合农村特点的抵(质)押担保方式和融资工具,建立多层次、多形式的农业信用担保体系。扩大林权抵押贷款规模,完善林业贷款贴息政策。健全政策性农业保险制度,完善农业保险保费补贴政策,加大对中西部地区、生产大县农业保险保费补贴力度,适当提高部分险种的保费补贴比例。开展农作物制种、渔业、农机、农房保险和重点国有林区森林保险保费补贴试点。推进建立财政支持的农业保险大灾风险分散机制。支持符合条件的农业产业化龙头企业和各类农业相关企业通过多层次资本市场筹集发展资金。

3. 鼓励社会资本投向新农村建设 各行各业制定发展规划、安排项目、增加投资要主动向农村倾斜。引导国有企业参与和支持农业农村发展。鼓励企业和社会组织采取投资筹资、捐款捐助、人才和技术支持等方式在农村兴办医疗卫生、教育培训、社会福利、社会服务、文化旅游体育等各类事业，按规定享受税收优惠、管护费用补助等政策。落实公益性捐赠农村公益事业项目支出所得税前扣除政策。鼓励企业以多种投资方式建设农村生产生活基础设施。

二、创新农业生产经营体制，稳步提高农民组织化程度

农业生产经营组织创新是推进现代农业建设的核心和基础。要尊重和保障农户生产经营的主体地位，培育和壮大新型农业生产经营组织，充分激发农村生产要素潜能。

1. 稳定农村土地承包关系 抓紧研究现有土地承包关系保持稳定并长久不变的具体实现形式，完善相关法律制度。坚持依法自愿有偿原则，引导农村土地承包经营权有序流转，鼓励和支持承包土地向专业大户、家庭农场、农民合作社流转，发展多种形式的适度规模经营。结合农田基本建设，鼓励农民采取互利互换方式，解决承包地块细碎化问题。土地流转不得搞强迫命令，确保不损害农民权益、不改变土地用途、不破坏农业综合生产能力。探索建立严格的工商企业租赁农户承包耕地（林地、草原）准入和监管制度。规范土地流转程序，逐步健全县乡村三级服务网络，强化信息沟通、政策咨询、合同签订、价格评估等流转服务。加强农村土地承包经营纠纷调解仲裁体系建设。深化国有农垦管理体制改革，扩大国有农场办社会职能改革试点。稳步推进农村综合改革

示范试点。

2. **努力提高农户集约经营水平** 按照规模化、专业化、标准化发展要求,引导农户采用先进适用技术和现代生产要素,加快转变农业生产经营方式。创造良好的政策和法律环境,采取奖励补助等多种办法,扶持联户经营、专业大户、家庭农场。大力培育新型农民和农村实用人才,着力加强农业职业教育和职业培训。充分利用各类培训资源,加大专业大户、家庭农场经营者培训力度,提高他们的生产技能和经营管理水平。制定专门计划,对符合条件的中高等学校毕业生、退役军人、返乡农民工务农创业给予补助和贷款支持。

3. **大力支持发展多种形式的新型农民合作组织** 农民合作社是带动农户进入市场的基本主体,是发展农村集体经济的新型实体,是创新农村社会管理的有效载体。按照积极发展、逐步规范、强化扶持、提升素质的要求,加大力度、加快步伐发展农民合作社,切实提高引领带动能力和市场竞争能力。鼓励农民兴办专业合作和股份合作等多元化、多类型合作社。实行部门联合评定示范社机制,分级建立示范社名录,把示范社作为政策扶持重点。安排部分财政投资项目直接投向符合条件的合作社,引导国家补助项目形成的资产移交合作社管护,指导合作社建立健全项目资产管护机制。增加农民合作社发展资金,支持合作社改善生产经营条件、增强发展能力。逐步扩大农村土地整理、农业综合开发、农田水利建设、农技推广等涉农项目由合作社承担的规模。对示范社建设鲜活农产品仓储物流设施、兴办农产品加工业给予补助。在信用评定基础上对示范社开展联合授信,有条件的地方予以贷款贴息,规范合作社开展信用合作。完善合作社税收优惠政策,把合作社纳入国民经济统计并作为单独纳税主体列入税务登记,做好合作社发票领用等工作。创新适合合作社生产经营特点的保险产品和服务。建立合作社带头人人才库和培训基地,广泛开展合作社带头人、经营管理人员和辅导员培训，引导高校毕业生到合作社工作。落实设施农用地政策，合作社生产设施用地和附属设施用地按农用地管理。引导农民合作社以产品和产业为纽带开展合作与联合，积极探索合作社联社登记管理办法。抓紧研究修订农民专业合作社法。

4. 培育壮大龙头企业　支持龙头企业通过兼并、重组、收购、控股等方式组建大型企业集团。创建农业产业化示范基地，促进龙头企业集群发展。推动龙头企业与农户建立紧密型利益联结机制，采取保底收购、股份分红、利润返还等方式，让农户更多分享加工销售收益。鼓励和引导城市工商资本到农村发展适合企业化经营的种养业。增加扶持农业产业化资金，支持龙头企业建设原料基地、节能减排、培育品牌。逐步扩大农产品加工增值税进项税额核定扣除试点行业范围。适当扩大农产品产地初加工补助项目试点范围。

附录二　2014 年中央一号文件(部分)

《关于全面深化农村改革加快推进农业现代化的若干意见》

一、强化农业支持保护制度

1. 健全“三农”投入稳定增长机制　完善财政支农政策,增加“三农”支出。公共财政要坚持把“三农”作为支出重点,中央基建投资继续向“三农”倾斜,优先保证“三农”投入稳定增长。拓宽“三农”投入资金渠道,充分发挥财政资金引导作用,通过贴息、奖励、风险补偿、税费减免等措施,带动金融和社会资金更多投入农业农村。

2. 完善农业补贴政策　按照稳定存量、增加总量、完善方法、逐步调整的要求,积极开展改进农业补贴办法的试点试验。继续实行种粮农民直接补贴、良种补贴、农资综合补贴等政策,新增补贴向粮食等重要农产品、新型农业经营主体、主产区倾斜。在有条件的地方开展按实际粮食播种面积或产量对生产者补贴试点,提高补贴精准性、指向性。加大农机购置补贴力度,完善补贴办法,继续推进农机报废更新补贴试点。强化农业防灾减灾稳产增产关键技术补助。继续实施畜牧良种补贴政策。

3. 加快建立利益补偿机制　加大对粮食主产区的财政转移支付力度,增加对商品粮生产大省和粮油猪生产大县的奖励补助,鼓励主销区通过多种方式到主产区投资建设粮食生产基地,更多地承担国家粮食储备任务,完善粮食主产区利益补偿机制。支持粮食主产区发展粮食加工业。降低或取消产粮大县直接用于粮食生产等建设项目资金配套。完善森林、草原、湿地、水土保持等生态补偿制度，继续执行公益林补偿、草原生态保护补助奖励政策，建立江河源头区、重要水源地、重要水生态修复治理区和蓄滞洪区生态补偿机制。支持地方开展耕地保护补偿。

4. 整合和统筹使用涉农资金　稳步推进从财政预算编制环节清理和归并整合涉农资金。支持黑龙江省进行涉农资金整合试点，在认真总结经验基础上，推动符合条件的地方开展涉农资金整合试验。改革项目审批制度，创造条件逐步下放中央和省级涉农资金项目审批权限。改革项目管理办法，加快项目实施和预算执行，切实提高监管水平。加强专项扶贫资金监管，强化省、市两级政府对资金和项目的监督责任，县级政府切实管好用好扶贫资金。盘活农业结余资金和超规定期限的结转资金，由同级预算统筹限时用于农田水利等建设。

5. 完善农田水利建设管护机制　深化水利工程管理体制改革，加快落实灌排工程运行维护经费财政补助政策。开展农田水利设施产权制度改革和创新运行管护机制试点，落实小型水利工程管护主体、责任和经费。通过以奖代补、先建后补等方式，探索农田水利基本建设新机制。深入推进农业水价综合改革。加大各级政府水利建设投入，落实和完善土地出让收益计提农田水利资金政策，提高水资源费征收标准、加大征收力度。完善大中型水利工程建设征地补偿政策。谋划建设一批关系国计民生的重大水利工程，加强水源工程建设和雨洪水资源化利用，启动实施全国抗旱规划，提高农业抗御水旱灾害能力。实施全国高标准农田建设总体规划，加大投入力度，规范建设标准，探索监管维护机制。

6. 推进农业科技创新　深化农业科技体制改革，对具备条件的项目，实施法人责任制和专员制，推行农业领域国家科技报告制度。明晰和保护财政资助科研成果产权，创新成果转化机制，发展农业科技成果托管中心和交易市场。采取多种方式，引导和支持科研机构与企业联合研发。加大农业科技创新平台基地建设和技术集成推广力度,推动发展国家农业科技园区协同创新战略联盟,支持现代农业产业技术体系建设。加强以分子育种为重点的基础研究和生物技术开发,建设以农业物联网和精准装备为重点的农业全程信息化和机械化技术体系,推进以设施农业和农产品精深加工为重点的新兴产业技术研发,组织重大农业科技攻关。继续开展高产创建,加大农业先进适用技术推广应用和农民技术培训力度。发挥现代农业示范区的引领作用。加强农用航空建设。将农业作为财政科技投入优先领域,引导金融信贷、风险投资等进入农业科技创新领域。推行科技特派员制度,发挥高校在农业科研和农技推广中的作用。

7. 加快发展现代种业和农业机械化　建立以企业为主体的育种创新体系,推进种业人才、资源、技术向企业流动,做大做强育繁推一体化种子企业,培育推广一批高产、优质、抗逆、适应机械化生产的突破性新品种。推行种子企业委托经营制度,强化种子全程可追溯管理。加快推进大田作物生产全程机械化,主攻机插秧、机采棉、甘蔗机收等薄弱环节,实现作物品种、栽培技术和机械装备的集成配套。积极发展农机作业、维修、租赁等社会化服务,支持发展农机合作社等服务组织。

二、建立农业可持续发展长效机制

1. 促进生态友好型农业发展　落实最严格的耕地保护制度、节约集约用地制度、水资源管理制度、环境保护制度,强化监督考核和激励约束。分区域规模化推进高效节水灌溉行动。大力推进机械化深松整地和秸秆还田等综合利用,加快实施土壤有机质提升补贴项目,支持开展病虫害绿色防控和病死畜禽无害化处理。加大农业面源污染防治力度,支持高效肥和低残留农药使用、规模养殖场畜禽粪便资源化利用、新型农业经营主体使用有机肥、推广高标准农膜和残膜回收等试点。

2. 开展农业资源休养生息试点　抓紧编制农业环境突出问题治理总体规划和农业可持续发展规划。启动重金属污染耕地修复试点。从2014年开始，继续在陡坡耕地、严重沙化耕地、重要水源地实施退耕还林还草。开展华北地下水超采漏斗区综合治理、湿地生态效益补偿和退耕还湿试点。通过财政奖补、结构调整等综合措施，保证修复区农民总体收入水平不降低。深化农村土地制度改革

3. 完善农村土地承包政策　稳定农村土地承包关系并保持长久不变，在坚持和完善最严格的耕地保护制度前提下，赋予农民对承包地占有、使用、收益、流转及承包经营权抵押、担保权能。在落实农村土地集体所有权的基础上，稳定农户承包权、放活土地经营权，允许承包土地的经营权向金融机构抵押融资。有关部门要抓紧研究提出规范的实施办法，建立配套的抵押资产处置机制，推动修订相关法律法规。切实加强组织领导，抓紧抓实农村土地承包经营权确权登记颁证工作，充分依靠农民群众自主协商解决工作中遇到的矛盾和问题，可以确权确地，也可以确权确股不确地，确权登记颁证工作经费纳入地方财政预算，中央财政给予补助。稳定和完善草原承包经营制度，2015年基本完成草原确权承包和基本草原划定工作。切实维护妇女的土地承包权益。加强农村经营管理体系建设。深化农村综合改革，完善集体林权制度改革，健全国有林区经营管理体制，继续推进国有农场办社会职能改革。

4. 引导和规范农村集体经营性建设用地入市　在符合规划和用途管制的前提下，允许农村集体经营性建设用地出让、租赁、入股，实行与国有土地同等入市、同权同价，加快建立农村集体经营性建设用地产权流转和增值收益分配制度。有关部门要尽快提出具体指导意见，并推动修订相关法律法规。各地要按照中央统

一部署,规范有序推进这项工作。构建新型农业经营体系

5. *发展多种形式规模经营* 鼓励有条件的农户流转承包土地的经营权,加快健全土地经营权流转市场,完善县乡村三级服务和管理网络。探索建立工商企业流转农业用地风险保障金制度,严禁农用地非农化。有条件的地方,可对流转土地给予奖补。土地流转和适度规模经营要尊重农民意愿,不能强制推动。

6. *扶持发展新型农业经营主体* 鼓励发展专业合作、股份合作等多种形式的农民合作社,引导规范运行,着力加强能力建设。允许财政项目资金直接投向符合条件的合作社,允许财政补助形成的资产转交合作社持有和管护,有关部门要建立规范透明的管理制度。推进财政支持农民合作社创新试点,引导发展农民专业合作社联合社。按照自愿原则开展家庭农场登记。鼓励发展混合所有制农业产业化龙头企业,推动集群发展,密切与农户、农民合作社的利益联结关系。在国家年度建设用地指标中单列一定比例专门用于新型农业经营主体建设配套辅助设施。鼓励地方政府和民间出资设立融资性担保公司,为新型农业经营主体提供贷款担保服务。加大对新型职业农民和新型农业经营主体领办人的教育培训力度。落实和完善相关税收优惠政策,支持农民合作社发展农产品加工流通。

7. *健全农业社会化服务体系* 稳定农业公共服务机构,健全经费保障、绩效考核激励机制。采取财政扶持、税费优惠、信贷支持等措施,大力发展主体多元、形式多样、竞争充分的社会化服务,推行合作式、订单式、托管式等服务模式,扩大农业生产全程社会化服务试点范围。通过政府购买服务等方式,支持具有资质的经营性服务组织从事农业公益性服务。扶持发展农民用水合作组织、防汛抗旱专业队、专业技术协会、农民经纪人队伍。完善农村基层气象防灾减灾组织体系,开展面向新型农业经营主体的直通式气象服务。

附录三　中共高密市委农村工作领导小组办公室文件

中共高密市委农村工作领导小组办公室文件

高农工办发〔2013〕5号

中共高密市委农村工作领导小组办公室关于印发《高密市家庭农场认定管理暂行办法》的通知

各镇人民政府、街道办事处，市经济开发区管委会，胶河疏港物流园区管委会，咸家工业园管委会，胶河生态管理区管委会，市直有关部门、单位：

现将《高密市家庭农场认定管理暂行办法》印发给你们，请认真遵照执行。

中共高密市委农村工作领导小组办公室

2013年8月15日

高密市家庭农场认定管理暂行办法

为贯彻落实党的十八大和中央一号文件精神，推进现代农业经营体系创新，加快构建现代农业产业体系，结合我市实际，制定高密市家庭农场认定管理暂行办法。

第一条　家庭农场是指以农户家庭为基本组织单位，以家庭成员为主要劳动力，以适度规模的种植、养殖产业为劳动对象，从事规模化、集约化、标准化生产经营，并以本业收入为家庭主要收入来源，实行自主经营、自我积累、自我发展、自负盈亏和科学管理的农村经济实体。

第二条　凡在高密市境内从事农业生产经营的家庭农场，均按照本办法进行认定管理。

第三条　家庭农场根据规模大小分为小型家庭农场、中型家庭农场和大型家庭农场，认定的家庭农场必须达到相应标准（各种类型的家庭农场标准见附件 2）。

第四条　家庭农场的资格认定、评审以及监督管理由市委农工办牵头负责。

第五条　家庭农场应具备以下准入条件：

1. 家庭农场以农业收入为主要经济来源，常年有 2 人以上（含 2 人）固定在农场从事生产劳动；同时，家庭农场主年龄应在 18 周岁以上，具有完全民事行为能力，可以独立进行民事活动。

2. 有专业生产经营项目，专业生产率占 90%以上。从事畜禽养殖的必须符合农业部《动物防疫条件审查办法》中畜禽养殖场动物防疫条件，并取得《动物防疫条件合格证》，建有粪污无害化处理设施。从事水产养殖的家庭农场须取得《水域滩涂养殖使用证》。

3. 农场用地除自有承包经营土地外，其他为流转土地。全部利用土地必须有规范的土地承包和土地流转合同。

4. 有相关财务账簿和生产经营相关制度。有与生产经营相适应的生产设施，具备基本的办公设备。

5. 有基本的配套设施、生产基础，具备防灾抗灾能力。从事粮食、黄烟生产经营的家庭农场，机械化生产率达到90%以上。

6. 围绕所从事产业，经营规模适度，符合农业等相关规划，用地相对集中连片，注重推广应用新品种、新技术，品牌意识和产品市场竞争力较强。

7. 管理方式先进，土地产出率、经济效益高，全年本业收入占家庭年总收入达到90%以上，家庭农场从业人员年人均纯收入达到本镇街区农民人均纯收入的2倍以上，对周边农户具有明显示范带动效应。

8. 家庭农场经营的土地流转合同年限不得低于10年，且从事经营2年以上。

第六条　家庭农场申报程序：

1. 核准。申请办理家庭农场登记的，须先到工商部门登记窗口办理名称预先核准，凭“名称预先核准通知书”到有关部门取得资格认定。

2. 申报。申报单位对照家庭农场申报条件，填报《家庭农场申请表》，随报有关证明材料，向所在镇街区提出申请，镇街区对农场所报材料进行审核、筛选，以镇街区为单位向主管部门报送审核材料。（粮油、露天瓜菜、设施农业、果树、黄烟等产业到农业局申报；苗木花卉到林业局申报；养殖业到畜牧局申报；水产养殖到水利局申报；种养结合的到农业局申报，由农业局会同畜牧局认定。）

3. 认定。主管部门根据镇街区申报材料进行汇总，提出初审意见，会同相关部门进行实地考察、审查、综合评价，提出认定意见报市委农工办，由市委农工办发文公布，颁发“高密市家庭农场”资格证。

4. 工商登记。获得市级主管部门资格认定的家庭农场，按照自愿的原则，可到高密市或以上工商部门办理工商登记，获得法人资格。工商部门要适当放宽家庭农场注册登记条件，实行免费注册登记。

5. 符合标准的家庭农场，需填报如下申报材料：①家庭农场申报表并盖章；②家庭农场基本情况；③土地承包、土地流转合同；④生产经营有关账簿；⑤家庭农场内固定的从业人员户口本复印件和身份证复印件；⑥工商部门的名称预先核准通知书；⑦产品认证的相关证明材料。以上申报材料一式三份。

第七条　凡被认定的家庭农场，享受高密市人民政府关于扶持家庭农场建设的相关政策。家庭农场办理工商登记后，可以成为农民专业合作社的单位会员。

第八条　认定批准的家庭农场，实行动态管理，2 年审定 1 次。

第九条　对出现以下情形之一的家庭农场，其资格予以撤销，并由工商部门注销家庭农场法人资格。

1. 家庭农场经营者不直接参加农业生产和管理，常年雇佣其他劳动者的。

2. 家庭农场在申报和复审过程中提供虚假材料或存在舞弊行为的，一经查实，取消家庭农场资格，2 年内不得再申报。

3. 家庭农场因经营不良，资不抵债破产或被兼并的，取消家庭农场资格。

4. 家庭农场经营中违反国家产业政策，存在违法违纪行为的，取消家庭农场资格，2 年内不得再申报。

5. 家庭农场发生重大生产安全事故和重大质量安全事故的，取消家庭农场资格，2 年内不得再申报。

6. 家庭农场不按规定要求按时提供年审材料，拒绝参加年审的，自动取消家庭农场资格。

第十条　本办法由市委农工办负责解释。

附录四　家庭农场申报表(高密市为例)

高密市家庭农场申报表

<table>
<tr><td rowspan="6">家庭农场概况</td><td>名 称</td><td colspan="4"></td><td>单位电话</td><td colspan="2"></td></tr>
<tr><td>地 址</td><td colspan="2"></td><td>邮 编</td><td></td><td>E—mail</td><td colspan="2"></td></tr>
<tr><td>投资人</td><td></td><td>籍 贯</td><td colspan="2"></td><td>手 机</td><td colspan="2"></td></tr>
<tr><td>主业产品项目</td><td colspan="4"></td><td>注册商标</td><td colspan="2"></td></tr>
<tr><td>总收入(万元)</td><td></td><td>销售收入(万元)</td><td></td><td>净利润(万元)</td><td></td><td>家庭内从业人数(人)</td><td></td></tr>
<tr><td>产业类型</td><td></td><td>占地面积</td><td></td><td colspan="2">生产规模(吨、头、只)</td><td colspan="2"></td></tr>
<tr><td colspan="9">所在镇(街区)意见:
(盖章)　负责人签名:
年　月　日</td></tr>
<tr><td colspan="9">市主管部门意见:
(盖章)　负责人签名:
年　月　日</td></tr>
</table>

注:产业类型是指粮油、水果、苗木花卉、设施蔬菜、露地瓜菜、水产养殖、畜禽养殖等。

附录五　家庭农场认定标准表(高密市为例)

高密市家庭农场认定标准

产业类型		指　标	小型农场	中型农场	大型农场
种植业	粮油、露天瓜菜	面积(亩)	100～200	200～500	500以上
		纯收入(万元)	10以上	20以上	30以上
	设施农业(中棚以上)	面积(亩)	10～30	30～50	50以上
		纯收入(万元)	10以上	20以上	30以上
	果　树	面积(亩)	30～50	50～100	100以上
		纯收入(万元)	10以上	20以上	30以上
	黄　烟	面积(亩)	100～200	200～300	300以上
	苗　木	面积(亩)	50～100	100～200	200以上
		纯收入(万元)	10以上	20以上	30以上
养殖业(占地面积10亩以上)	生　猪	能繁母猪存栏或育肥猪存栏	30～50/300～500	50－100/500～1000	100以上/1000以上
		年出栏(头)	500～1000	750～1500	1500以上
		纯收入(万元)	10以上	20以上	30以上
	肉　禽	存栏(只)	2万～4万	4万～6万	6万以上
		年出栏(只)	10万～20万	20万～30万	30万以上
		纯收入(万元)	15以上	30以上	45以上
	蛋　禽	存栏(只)	1万～2万	2万～5万	5万以上
		纯收入(万元)	15以上	30以上	50以上

高密市家庭农场认定标准

产业类型		指　标	小型农场	中型农场	大型农场
养殖业（占地面积10亩以上）	特种动物	存栏种兽（只）	500～1000	1000～2000	2000以上
		年出栏（只）	1500～3000	3000～5000	5000以上
		纯收入（万元）	30以上	60以上	100以上
	肉牛	存栏（头）	50～100	100～200	200以上
		年出栏（头）	100～200	200～400	400以上
		纯收入（万元）	15以上	30以上	50以上
	奶牛	存栏（头）	50～100	100～200	200以上
		纯收入（万元）	20以上	40以上	80以上
	肉羊	存栏（只）	300～500	500～1000	1000以上
		年出栏（只）	900～1500	1500～3000	3000以上
		纯收入（万元）	10以上	20以上	30以上
	家兔	存栏母兔或商品兔（只）	500～1000/4000～8000	1000～3000/8000～25000	3000以上/25000以上
		年出栏（只）	15000～30000	30000～100000	100000以上
		纯收入（万元）	10以上	20以上	40以上
种养结合		面积（亩）	50～100	100～200	200以上
		纯收入（万元）	20以上	40以上	60以上

附录六　山东省家庭农场登记试行办法

为贯彻落实中央和省委一号文件精神，支持、促进和引导家庭农场健康发展，规范我省家庭农场登记工作，依据《个体工商户条例》《个人独资企业法》《合伙企业法》《农民专业合作社法》《公司法》及其登记的相关法律法规，制定本办法。

第一条　以家庭或家庭成员为主要投资、经营者，通过经营自有或租赁他人承包的土地、林地、山地、水域等，从事适度规模化、集约化、商品化农、林、牧、渔业生产经营的，可以依法登记为家庭农场。

依法申请登记的家庭农场应符合以下条件：

1. 家庭农场经营者应具有农村户籍；

2. 以家庭成员为主要劳动力；

3. 以农业收入为家庭收入主要来源；

4. 经营规模相对稳定，土地相对集中连片。土地租期或承包期应在5年以上，土地经营规模达到当地农业部门规定的种植、养殖要求。

第二条　家庭农场登记申请人自愿选择登记及组织形式。家庭农场可登记为个体工商户、个人独资企业。符合法律、法规规定条件的，也可以申请登记为合伙企业、公司等其他组织形式。

家庭农场办理工商登记后，可以成为农民专业合作社的单位成员或公司的股东。农村家庭成员超过5人，可以以自然人身份登记“家庭农场专业合作社”。

家庭农场转型升级采取公司等组织形式登记的，可保留原字号和行业用语；原经营项目中有法律、法规规定需经许可经营的，经发证机关确认可继续经营。

登记机关应加强对申请家庭农场业户相关法律法规的宣传指

导,以便于其选择利于经营、便民惠民的组织形式。

第三条　家庭农场由其经营场所或住所所在县、不设区的市工商行政管理局以及市辖区工商行政管理分局负责登记,法律、法规另有规定的除外。

登记机关可以委托符合条件的工商所以登记机关名义办理家庭农场登记。委托权限、主体类型等应报市工商行政管理局备案。

第四条　家庭农场名称由行政区划、字号、家庭农场依次组成,家庭农场可以与农民专业合作社、公司等其他组织形式联用,但其申请行业和组织形式表述应符合所依据法律、法规的规定。

支持家庭农场以经营者姓名、商标作为字号,或以字号申请商标注册。

第五条　家庭农场的经营场所(住所)可以是经营者所在地家庭住址,也可以是种植、养殖地所在村址。

第六条　家庭农场可以在从事农、林、牧、渔、种植、养殖业的基础上,兼营相关研发、加工、销售或服务。

家庭农场申请一般经营项目的,经营范围可以核定为家庭农场经营,也可依申请按具体项目核定,涉及前置许可的,要先办理有关许可手续后,再开展经营活动。

第七条　家庭农场申请人可以以货币、实物、土地承包经营权、知识产权、股权、技术等多种形式、方式出资,家庭农场按个体工商户、个人独资企业、合伙企业及农民专业合作社举办的,其出资采用自行申报制;其他组织形式举办的,应符合其登记所依据的法律法规。

第八条　申请家庭农场设立登记应当提交下列登记材料:

1. 设立登记申请书;

2. 申请人身份证明;

3.《农村土地承包经营权证》、《林权证》、《农村土地承包经营权流转合同》等经营土地、林地的证明。

申请登记的经营范围中有法律法规规定必须在登记前报经批准的项目,应当提交有关许可证书或者批准文件复印件;在未取得批准前,可先行办理筹建登记。

委托代理人办理的,还应当提交经营者签署的《委托代理人证明》及委托代理人身份证复印件。

以合伙企业、农民专业合作社、公司等形式登记的家庭农场设立登记按国家工商总局提交材料规范执行。

第九条 家庭农场法定登记事项发生变化的,应当依据相应的法律法规规定,申请办理变更登记。

第十条 家庭农场不再从事经营活动的,应当到登记机关依法办理注销登记。

第十一条 登记机关对登记的家庭农场依法进行监督管理。登记机关应加强行政指导,督促家庭农场规范经营,对其违法行为应当依据相应的法律、法规规定进行处理。

第十二条 家庭农场营业执照副本的有效期应按土地承包经营或流转期限核定。

第十三条 家庭农场注册登记免收注册登记费、验照年检费和工本费。

第十四条 家庭农场党员应积极参加党的活动,符合条件的要依据中国共产党章程的规定,建立中国共产党的组织,开展党的活动。

第十五条 从事家庭农场经营者,应当在取得营业执照后30日内,向登记地农业等部门备案。

第十六条 本办法自2013年5月16日起施行,有效期至2015年5月15日。国家工商总局、省政府出台新的家庭农场登记注册办法后,本办法自行废止。

主要参考文献

［1］龚旭芳．论家庭承包经营的两个层次：家庭独劳经营和家庭农场经营［J］．咸宁师专学报 2000，(20)：28-31.

［2］孔荣，牛刚，李民寿．美国家庭小农场的历史发展轨迹评述［J］．西北农林科技大学学报 2001，(社会科学版)(1)：59-61.

［3］李尚红．美国的家庭农场制度与我国农业生产经营模式的创新［J］．经济纵横 2006，(5)：27-28.

［4］许莹．家庭农场的特点和优点分析［J］．河南农业 2012，(12)：59-61.

［5］朱海涛．浙江省家庭农场发展对策研究［D］．浙江农业大学，2012.

［6］凌永健，朱秀丽，胡然挺，等．家庭农场发展亟待多方扶持——浙江宁波家庭农场发展调研［J］．农村经营管理 2012，(117)：26-28.

［7］吴国平．家庭农场或会给中国农业带来一场革命［N］．第一财经日报(B10)2013.

［8］张乐柱，金剑锋，胡浩民．“公司＋家庭农场”的现代农业生产经营模式：基于温氏集团案例研究［J］．学术研究 2012，(10)：94-97.